小马
我的 下南洋
少年留学经历

马琪凯 著

团结出版社

图书在版编目（CIP）数据

小马下南洋：我的少年留学经历 / 马琪凯著. --
北京：团结出版社, 2020.4

ISBN 978-7-5126-7838-5

Ⅰ. ①小… Ⅱ. ①马… Ⅲ. ①散文集－中国－当代
Ⅳ. ①I267

中国版本图书馆CIP数据核字(2020)第062376号

出　版：团结出版社
（北京市东城区东皇城根南街84号 邮编：100006）
电　话：（010）65228880 65244790
网　址：http://www.tjpress.com
E-mail：zb65244790@vip.163.com
经　销：全国新华书店
印　刷：河北盛世彩捷印刷有限公司
装　订：河北盛世彩捷印刷有限公司

开　本：170mm×240mm 16开
印　张：16.75
字　数：258千字
版　次：2020年4月 第1版
印　次：2020年4月 第1次印刷

书　号：978-7-5126-7838-5
定　价：45.00元

校长序言

非常高兴能够帮Max介绍这本书，我没有理由拒绝。Max已经在Nexus国际学校学习了五年时间，他从中国来到马来西亚，他的父母热衷于让他拥抱多元文化，并接受学习上的挑战。

在这本书中，Max完美地展现了这所卓越学校背后的核心目的，并描述了这里的学生如何在Nexus运用科技、差异化、合作和提问来进行学习。他还在书中谈到我们如何帮助英语不好的学生提高他们的英语水平，还有其他多种语言课，如马来语、西班牙语、法语、德语，当然还有汉语。Max也很享受在Nexus的人际关系，那也是在Nexus的生活中的一个重要组成部分，尤其是对于那些像Max一样加入我们学校的同学。

这本书中满是风趣好玩的故事，既有关于他的朋友、同学和老师们的故事，也包括他参加的各种筹款活动，比如24 Hour Run及其他有意义的活动。

总的来说，这是一个男孩子在一所国外的国际学校成长并克服困难、一路享受乐趣的故事集锦。

校长　David Griffiths

Foreword

It is my immense pleasure to be able to introduce this book for Max Ma for a number of reasons. Max has been learning in Nexus International school for 5 years, arriving in Malaysia from China where his parents were keen for him to embrace diverse cultures and be challenged academically.

Through this book Max demonstrates perfectly the core purpose behind our exceptional school and describes how learners learn at Nexus through careful use of technology, differentiation, collaboration and inquiry. He talks about how we support learning English as an additional language as well as other languages such as Bahasa Malaysia, Spanish, French, German and of course Mandarin. Max has also enjoyed the relationships that are a key part of life at Nexus, especially for those, like Max, who board with us.

This book is full of witty anecdotes and stories about his friends, colleagues and teachers as well as his involvement in fundraising, The 24 Hour Run and other worthy activities.

In all this is the story of a young man, growing up in an International school in a foreign country and making it work as well as having a whole lot of fun on the way.

David Griffiths

Principal

中文老师序言　我的学生送给我一份礼物

2020年伊始，一位送圣诞礼物的“小精灵”在我的中文课后送给我一份“礼物”——他的书稿《小马下南洋》，他请我为之写序，我欣然同意。我内心充满了惊喜和好奇，迫切地想知道他在书里都写了些什么。

那是一个炎热的星期四下午，下班后，我带着这份珍贵的“礼物”，来到一家安静、典雅的咖啡厅，坐在一个安静的角落里，细细地品读着这位少年下南洋留学的心路历程。每读一章，啜一口咖啡，我小心翼翼地翻阅着书稿，深怕粗心的我不慎将咖啡弄翻，毁了这位少年的心血。

我一气呵成，不一会儿工夫就读到了那篇《有趣的中文课》，看到故事里熟悉的Mr.Alex与一帮正在用文字创造瓦干达度假村故事的主人公。我有幸成为Max作品中的一个小角色。我是最幸运的中文老师，能与这十四位善良好学的小朋友一块儿成长，一起学习，一同说中文，这真的是最美好不过的事了。他们的到来，把学校的中文水平提升到了一个新的高度，同时也让我不断地反思自己在课堂教学中的每一个细节。

我期待每天都能碰到他们，看他们同学之间互相闹腾，同时又相互扶持，一起进步，我这个老师毋需给他们灌输太多——偶尔也折腾一下他们，让他们学会自己寻找答案。Max这个“小精灵”虽然活泼好动，但却十分的自律，他从不拖功课，也愿意帮助同学。当他们的中文老师，既是一种挑战，也是一种幸福。

《小马下南洋》这本书是Max在马来西亚留学的点点滴滴：既有他成长的故事，也有这位少年在成长过程中提出的疑问和自己的反思。这本书里记录了不少

Max 在Nexus 的学习、生活和成长故事，同时也记录了他如何突破语言关，慢慢地融入这个多元化的大家庭，培养自己的跨文化学习能力的过程。中国家长十分关心自己孩子的学习，一想到“竞争太激烈”，就会产生过多的忧虑。什么是学习，学什么，怎么学，学习是孩子的问题还是父母的问题，父母该扮演什么样的角色，考高分就代表学习好？……其实，不妨静下心来，花一点儿时间与Max 对话，看看这位拥抱国际化和传统的中国少年是如何在Nexus 学习、生活的，他是如何与他人相处并克服文化差异的，相信大家能从中得到一些启发。

两个月后，Max 就要与他的小伙伴们一起参加IGCSE 考试了。少了他们的闹腾，我相信刚开始我还会有些不适应，我也十分怀念他们那带有不同口音的普通话。

在Nexus，我如同一只闲鹤，过着云淡风轻的日子，埋头工作和教学之余，也看着这个“小精灵”与其他同学偶尔拿着我的“棉骰子”互扔，互相讨论课业，说一些让人脑洞大开的话。有时候觉得他们很吵，然而，这种吵也给寂静的教室增添了几分生气——让我有活力与他们一起在中文的世界里遨游。

我看到一个动静相宜、喜欢思考的少年，正在把自己的思考抛向世界……我相信，随着年龄的增长，这个少年将分享给我们越来越多成熟的思考，我对此满怀期待。

中文老师　吴庆丰Alex Goh

2020 年 2 月 7 日

宿舍大家长的序言

我很开心能够为这本《小马下南洋》写序。

2016 年 4 月，12 岁的少年Max 走进了马来西亚Nexus 国际学校的校门，学校坐落在布城（Putrajaya），被郁郁葱葱的绿色森林和一个舒适的小城镇所环绕，小镇在距离学校大约 500 米的地方，小镇上生活设施齐全而且非常方便。

完全陌生的环境和马来西亚出了名的潮湿和炎热，都没有干扰到这个从中国济南来的青涩小伙子。

Max 从来到这里开始，便一直住在宿舍二楼（Schubert Floor），这段时间我也一直是他的宿舍家长，我发现在我过去十五年的宿舍管理生涯中，Max 是我见过的最有礼貌、最随和且最专注的青少年之一。他的学业和纪律可以说是完美的，堪称典范。

Max 是一个非常出色的艺术家，他会花上数小时时间作画，经过细致的研磨所创作出的绘画作品实在是精彩。令人钦佩的是，他也将同样的专注延续到了学习上。

当Max 告诉我他写了一本关于他在这里生活的书时，我感到十分吃惊。在这个集体中过着忙碌生活的同时，Max 竟然在他的课余时间偷偷地记录下他的感受、想法和行动。

我相信，Max 在这个竞争激烈且充满挑战的世界上所走的任何道路都将表现得出色。

Troy Looms

宿舍大家长（总监）

Foreword

I am delighted to write the foreword for the edition of《These Years Overseas》.

As a young twelve years old in April 2016, Max entered the gates of Nexus International School in Putrajaya, Malaysia which is surrounded by a green, lush jungle and a decent sized village, approximately five hundred meters away with all the convenient amenities.

The completely foreign environment, let alone the stifling humidity and heat that Malaysia is well known for, did not faze this fresh faced lad from Jinan city in China one iota.

Max has resided on Schubert Floor (which was called Level Two when he arrived) since his arrival. I have been his houseparent for the duration and I have found Max to be one of the most respectful, easy-going, yet focused adolescents I have ever looked after in my fifteen years of employment in the boarding house and pastoral care sector. His discipline record is exemplary and flawless.

Max is a superb artist and the many drawings that he has produced after spending numerous hours scribbling and then fine-touching are amazing. The dedication that Max continues to display towards his academic commitments is admirable.

I was surprised when Max informed me that he had written a book on his time here in Malaysia, notably at Nexus. During his free time Max has secretly been jotting down his feelings, thoughts and actions whilst living a busy life within our community.

I have no doubt that Max will do well in whatever pathway he takes in this competitive and challenging world.

All the best,

Troy Looms
Director of Boarding
Nexus International School Malaysia
19th March 2020

无心插柳的收获

我儿子能写这本书，实在是我无心插柳的收获。

本书的缘起

2017 年，我的第二本书《股权战略》出版了。

有一天我和儿子聊天的时候，我说："我已经写了两本书了，你的书什么时候出？"见他迟疑，我就用半是疑问半是代他回答的语气，不怀好意地问道："两年？"——这是我惯用的方法——结果他竟然说了一声"嗯"，虽然看上去很艰难，但也算痛快。也许是他自己有足够的自信？我心中窃喜，这么容易他就跳进了我给他挖的"坑"。

我知道写书并不是一件容易的事情，何况是对一个刚上初中二年级的孩子，答应了不代表就能坚持下来，所以我得想办法让他完成这件事。过了几个星期，我问他构思好如何写书了没有，他说没有。看他要打退堂鼓的样子，我告诉他我已经在讲课的时候给他做了广告，他不想写也得写。于是，他开始跟我们提条件，条件竟然是"妈妈写我就写"。结果，为了帮助儿子履行诺言，他妈妈不得不同意陪他一起写。此时，儿子已经无路可退，不得不开始着手准备这本书的写作。

记住知识还是找到知识

父母通常都会按照自己对人生的理解去培养自己的孩子，特别是自己在成长过程中留下的遗憾或者未实现的梦想，总是希望孩子能够完成，让他（她）们的人生没有遗憾，所以父母会严格要求孩子，比如自身学习成绩不好的父母，可能会对孩子的学习成绩要求得非常严格。但是每个孩子的自身情况是不一样的，硬要求孩子达到什么标准就是拔苗助长了，学习成绩并不是唯一的衡量标准。中国的教育是为了让学生记住知识，考试考的是能够记住多少书本上的知识，但是现在所有的知识在网络上都可以找得到，记住知识并不是最重要的，最重要的是要能快速找到知识并将其消化掉。因此，我对孩子的学习成绩并没有严格的要求，能及格就行；我更关注孩子的独立思考能力和生存能力，我会鼓励他多锻炼，多参加各种活动，多做事，多动手，学会照顾自己；我也会鼓励他多经历一些事——无论好坏，经历的事情都会对他的成长有帮助。

成长是一个闭环

付出一定会有收获，但是同样的付出，却未必会有同样的成就，因为能力不同，而能力的培养离不开最基本的“听、说、读、写”的训练，四者缺一不可。

说话谁都会，但不是谁都能说好。有人一对一可以说得很好，但是一对多的演讲却不一定行，而会演讲的人，一对一的对话也一定行，不会演讲的人，即便是一对一的对话还可以，也不一定能说到点子上，生活中我们经常会遇到这样一类人：他们说了很多，你却听不懂他要表达什么。

上学的时候我们都学过写作文，但是这并不代表我们都会写文章。写作需要练习，需要提炼生活，需要思考。所以会写的人也一定会说，不管是一对一的说，还是公开演讲，他都能做得不错，也许他的演讲不够生动，但他一定思路清晰、有逻辑。

为演讲而看书，要比平常看书认真十倍，为写作而看书，要比为演讲而看书还要认真。所以我觉得“写”是最重要的，一个人如果会写，他也会同时具备听、说、读的能力，最重要的是，“写”能让人静下心来思考，这是我极力鼓动我儿子写书的主要目的。

用心引导

我知道写书不容易，如果要我在他这个年龄写，我想我不仅仅是做不到，而是根本就不敢答应去写。所以当他答应写书时，我是有点佩服他的胆量的。于是，我决定主动帮助他制订计划：一年用来写作，一年用来编辑出版，一本书按二十万字计，每周要写四千字。他说这是很难做到的。结果还真是很难，半年过去了，基本没见他有什么动作，他总是说还在构思中，还没有动笔。

谁都有惰性，他也不例外，这在我的预料之中，所以我想我必须要做点什么了：我继续在讲课中给学生讲他要写书的事，这给他带来了非常大的压力，以至于我的学生到我家时，他总是尽量找借口外出，避而不见他们。

他不让我在讲课时说他要写书的事，还说做我的儿子压力很大，但每次见到他，我还是会经常开玩笑地对他讲：“儿子，我今天又给你做广告了”“儿子，你要是再不动笔，我就要加大广告剂量了”……这让他很无语，但效果一般，他还是迟迟未动笔。于是我改变战术，开始用诱导的方式：“这个（写书）对你考大学有用，可以帮你申请美国名校”“这个对你吹牛有用，等高中时再写，就不如初中时写吹牛的效果好”……也不知道是哪一招起了作用，还是恩威并用的综合效果起了作用，在初三的暑假，他终于把写书的事提上了日程，并于高一的暑假结束时完成了初稿。

在他答应写书时，我建议他写自己的经历：他在国内小学还没有读完，就自己选择出国留学，现在他已经有了三年在国外读书和生活的经历，这些经历对想出国留学的孩子有一定的参考价值——因为经常有家长带着孩子来我家咨询出国留学的事情。但他初生牛犊不怕虎，不听我的，非要写有关家族文化的主题，结果折腾了大半年，才发现写起来太难（需要查阅、考证大量的资料），他只好作罢，最终还是同意了我的提议，写他自己的经历。

榜样比陪伴更重要

我的学生经常因为忙于事业不能陪伴孩子而感到愧疚，特别是女学生，她们常为此落泪，甚至想放弃事业。其实我也没有更多的时间陪孩子，在孩子们的成长过程中，大多数时间我是缺席的，但我认为，榜样比陪伴更重要，成为孩子的榜样，以身作则才是对孩子最好的教育。自古有云：“言教不如身教”，如果我不写书，我就不会有让孩子写书的念头，我也没有这个底气去要求孩子，孩子也不会有写书的想法。如果他妈妈不甘愿被拉下水，他也不可能同意写书，我女儿也不会有写书的打算，所以没有什么事是不可能的。

当然，这并不是说只为事业不陪孩子就是对的，我只是想通过自己的经历来分享一个道理，那就是做好事业和照顾好孩子并不矛盾。作为父母，要尽可能多地抽出一点儿时间陪伴在孩子身边，因为孩子的成长不等人，瞬间就长大了，而事业可以缓一缓，不用那么急，无论如何，做父母的都要给孩子做一个好的榜样，一个豁达、向上的榜样。

我儿子的这本书虽然稚嫩，但还是让我收获了一份意外和惊喜，更让我坚信任何事情都是一步一步做出来的：那些看似不可能的，也会成为可能。

我希望通过这本书的写作，能使他领悟到更多。

马方（泰山管理学院创办人、院长）

自序

写书的机缘

其实我能写这本书完全是因为我爸爸的激将法。

因为爸爸出版了他的第二本书《股权战略》，有一天和我聊天的时候就问我几年以后也出本书。

现在想想，这大概就是成年人的狡猾吧，这种问法，跳过了“能不能”和“想不想”，直接进入能写的状态，只是什么时间写的问题，我也直接掉进了老爸给我挖的“坑”，回答他：两年吧。

后来，当我意识到自己掉进“坑”里的时候，已经晚了。经不住老爸软硬兼施的“威逼利诱”，终于开始动笔。

虽然艰难，但也让我有时间、有机会和他们一起回想了一下自己在成长的过程中经历过的大大小小的、开心的、自豪的、难过的事，当然还有糗事，发觉也挺有意思的。

我把这些回忆整理出来，就有了这本书，这个过程我虽然很纠结，但也很开心。

目　录

CONTENTS

童年掠影篇

奇葩老爸篇

初来乍到篇

教育与学习篇

寄宿生活篇

活动篇

宠物篇

大马生活篇

恋爱篇

思考篇

诗词篇

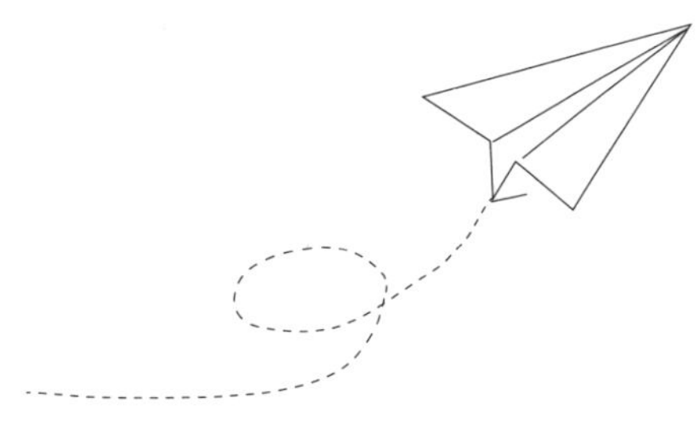

童年掠影篇

妈妈抢着生了我

我们家其实并不富裕，在我出生之前就是非常普通的工薪家庭。

妈妈说在我出生之前，如果家里碰上几个随礼钱的事儿或者有什么特殊的额外开销时，就会有“揭不开锅”的时候。我无法想象那个时候妈妈是什么样子的。也因为这个原因，加上我还有一个姐姐，所以我爸爸并不急着要生我。妈妈说爸爸是担心养不了两个孩子，怕我们受苦，说是要等经济状况再好一点的时候再生。可是妈妈都快到高龄产妇的年龄了，就说服了爸爸，这才有了我。

让他们意外的是，自从我出生以后，我们家的经济状况就开始慢慢变好了。以至于当我们聊起过去的事情的时候，我会跟他们开玩笑说：“你们真应该早一点儿生我，看，是我给你们带来财富了吧？”每当这时，爸爸都笑而不语，妈妈就很开心地附和。

其实，我知道这是他们先前的付出在慢慢收获回报，就跟他们开个玩笑，大家开心一下嘛。

幼儿园的记忆

我不到两岁就开始上幼儿园了，是那种小托班。但是刚开始去的那段时间，因为班里孩子比较多，老师也无暇过多照顾我，我就越来越不愿意去。听妈妈讲，有一天早上送我去幼儿园的时候，我在车后座的儿童座椅上直往外窜，我妈怕我真窜出来，就真的又带我回家了，后来有两三个月没送我去幼儿园，妈妈说她又找了一个保姆照看我，因为她要上班，没时间照顾我。

再后来，放暑假了，幼儿园每个班都有孩子升班，暑假又有很多孩子不去上幼儿园，所以小托班里的人就特别少了，大概只有两三个孩子了。老师就打电话给我妈妈，于是我又开始上幼儿园，那时也就是两岁左右，因为班里没有几个孩子，只有我一个新生，所以老师格外照顾我，我跟其他小朋友很快都熟悉了，我们在一起玩得很开心，从那时起，我就喜欢上幼儿园了，然后开始了我漫长的幼儿园生涯。

让我喜欢上幼儿园，大概还有一个原因，就是幼儿园里有一个郑老师，我特别喜欢她，她也特别喜欢我。妈妈说我小时候特别可爱，语言天赋很好，说话声音也很好听，所以是人见人爱。

我现在还有一点记忆，就是幼儿园里的小朋友也都特别喜欢我。我记得有一次我生病了，在家休息了几天，等我再回去的时候，他们正在教室里安静地低着头吃早饭，有一个小朋友一抬头看到了我，一声惊呼：马琪凯来了！于是一屋子吃饭的小朋友全都沸腾了起来。

妈妈说我小时候非常喜欢幼儿园，即便是下大雨，路上积水很深，也还是要去上幼儿园。那个时候我们家住在妈妈单位的宿舍，那条通往外界的路一到下雨天就会积很深的水，妈妈单位会用消防车接送上下班的职工，而我也就凑热闹，坐着消防车去上幼儿园。现在想想，那场面也够壮观的。不过，如果放在现在，我一定会想：趁机不上幼儿园，在家里玩多好啊，也不用妈妈下雨天还要蹚着水接送我了。

幼儿园毕业后，我开始上小学，我们家就搬走了，后来也没有再回去过，我和郑老师也没有再见过面，妈妈甚至都没有她的联系方式。

幼儿园的日子，还是很快乐的，我也不知道为什么，自己就成了孩子王，带领着一帮孩子玩，他们也都愿意和我一起玩。

从大班毕业以后，原本我该去上小学了，但是妈妈觉得我不大像小学生的样子，可能是因为那个时候我长得比较瘦小，而且刚满六周岁，所以妈妈果断决定让我晚上一年学，于是我在幼儿园又上了一年大班，这样，我就比别的孩子早上了一年多的托班，又多上了一年的大班。我爸爸还经常拿我多上这一年大班来说事儿，说我在幼儿园留了一级。这当然是开玩笑了，我已经习惯了他这种不靠谱的调侃。

现在想想，父母那个时候的决定还是很明智的，即便我晚上一年学，我在班里还是属于那种比较瘦小、柔弱的类型，这多多少少会影响我和同学的交往。

孤独的小学时代

我是在山师附小上的小学，同一年姐姐考进了山师附中读高中。

妈妈说姐姐的成绩是可以上实验中学的，姐姐的班主任也曾经打电话给妈妈，劝妈妈让姐姐填报实验中学的志愿，但是妈妈知道实验中学里都是学习非常厉害的尖子生，她不想让姐姐高中时学习压力太大，所以坚持让她填报了山师附中。

山师附小和山师附中两个学校在一条街上，一前一后紧挨着，为了方便我们上学，我们举家搬迁到学校附近居住，这样我们离学校很近，上学节省了很多时间，但是妈妈离单位就很远了。

因为妈妈离单位很远，所以我除了中午在学校里吃午饭以外，下午放了学以后也要到校外的托管班。托管班的老师负责从学校接我们放学，然后会督促我们在托管班里完成家庭作业。有时候遇上坏天气，我就很有可能是最晚一个被接回家的。有时候妈妈需要加班，爸爸就安排他的员工过去接我，但是爸爸从来没有接过我，他比妈妈还忙。

那个时候最幸福的事情就是妈妈来接我，我们俩要么在顺路的德克士吃一顿大餐，要么在沿路的小吃摊上买我们喜欢的食物，烤面筋、烤鱿鱼、肉卷、寿司、烤地瓜、炸薯条，等等。直到现在，我还是很怀念这些小吃。

从托管班到家正好经过山师东路北段，那条街因为周边有几所大学，所以很热闹，也很拥挤。我喜欢那些小吃，但是不喜欢拥挤。我很好奇那些大学生为什么不好好学习，整天都在逛街，吃吃吃、买买买。问妈妈，妈妈说她也不知道，可能他们功课不忙吧。

现在我还会经常和妈妈回忆那时一起走过那条街的经历，因为除了可以吃好吃的，买好玩儿的，更重要的是我还可以和妈妈聊天，给她讲学校里发生的事情。但是有时候妈妈因为想事情而心不在焉，每当这个时候，我都会有点小失望。

回家以后，妈妈就会忙着做饭，或者做家务什么的，并没有多少时间陪我。

其实从我上了小学以后，妈妈就开始比以前忙了，不像我上幼儿园的时候，可以有那么多时间陪我，而爸爸从来就没有不忙过，更不可能陪我，姐姐在高中读了一年，就出国了，所以，很多时候我都是一个人在家，那个时候我还真的有点孤独呢。

可能就是因为这个原因，养成了我独立思考的能力。

被同学欺负

刚上小学的时候，我因为比较瘦小，所以总会有比较强壮的孩子欺负我。但是我不知道怎么办，就很郁闷。

在幼儿园的时候，我从来不欺负人，所以小朋友都愿意跟我玩，也没有人欺负我，所以遇到这种事儿我就不知道怎么办，有时候我真的也想揍他，但是又担心自己打不过他，就一直忍着。

有些人就是这样，你不理他他就会得寸进尺，所以他越来越多地欺负我。

后来我只好告诉了妈妈，妈妈就找了班主任，把这个情况跟班主任讲了，班主任找那个同学谈话，后来他就再也没有欺负过我。从那以后他在我面前就老老实实、规规矩矩的了。

我也感到如释重负，然后明白了一个道理：很多人其实只是欺软怕硬，欺负别人只是为了给自己找一点存在感，对方一旦反击立刻就老实了。

真正的强大不是因为能欺负弱小。

作为孩子，在自己遇到不能解决的问题的时候，不要一个人撑着，要学会向大人求助。

同桌的回忆

上小学的时候，我的同桌一直都给我哭笑不得的体验。

想必很多人对于同桌的印象，要么是好朋友，要么是暗恋对象什么的，但是我的同桌给我的印象，很长一段时间都是十分“恐怖”的，所以我并不愿意去触碰这个话题。

在六年级之前，我的同桌都比较奇葩。大家应该都知道，国内老师在安排座位的时候，比较喜欢把成绩好的同学跟成绩不怎么好的同学放在一起。

低年级的时候，我的同桌是一个瘦瘦的同学，他的成绩一直都不怎么好。他不算那种调皮捣蛋的孩子，但他属于那种比较烦人的类型，例如，早上他来了之后会装作一脸震惊地跟我说，他忘了带语文书或是其他的什么了。这样偶尔一两次，大概还有意思，谁都有忘记的时候，但他每天都这么一惊一乍的，让我也很无奈，我也懒得去管他到底是真忘了还是故意制造紧张气氛。神奇的是他自己一点也不嫌烦，大概他已经形成习惯了……除此之外，他还特别喜欢唱歌，尤其是飚高音，也让我感到挺无语的，不管你唱得好不好，教室里都需要保持安静啊。

第二个同桌就更特别了，他应该是天生有一些缺陷。他的身体不是那么灵活，行动也有些迟缓，好像整个身体的协调能力比较差，而且感觉心智年龄比实际年龄小很多。他不算很高，再加上可能缺乏运动，身体微胖，看上去更显笨拙。

大概是没有人愿意跟他做同桌吧，最后老师把他调成我的同桌了！这段时间的记忆极大地考验了我的耐性。

他有很多奇怪的习惯，而我曾经试图告诉他哪些行为是不雅的，比如舔手，不仅不雅还不卫生；我也试图帮助他改掉这些坏习惯，但是好像一点都不管用。他还会经常做一些奇怪的事情，让人难以理解，我又没法儿有效地和他沟通，而且他的脾气并不温和，有时候还会打人，不过也打不了多痛，可能是因为他的身体比较弱。

如果你身边常年坐着一个心智和行为都不大正常的人，又没法儿和他正常交流，虽然起初可能会去理解并帮助他，但时间久了我想你也会烦的。至少我是感到厌烦了，所以我也开始对他发火。

现在回过头想一想，可能我还是有点对不起他，因为有很多的事情不能完全怪他，很多时候我也是自私的，并没有帮助他，反而是嘲笑他……

现实可能就是这么残酷吧，在面对有天生缺陷的人时，即便我们心里都十分清楚要去理解他们、包容他们，尽可能帮助他们并给予尊重，也很难不从心底产生厌恶感、烦躁感和对他们的轻视。当这些负面情绪充斥全身时，之前的怜悯以及想要包容他们的博爱之心都在转瞬间荡然无存。也许人性就是这样的，有缺陷的人难免会招致一些嘲笑和冷眼。

因为同桌经常让我很无语、很烦躁，我爸爸总会借这个机会标榜他自己，说什么要不是他在我小时候经常闹得我没脾气，培养了我的承受能力，我怎么能经得住跟我同桌在一起这么长的时间呢。

他的话让我无言以对。

因为小学时代我的同桌给我的记忆都不是那么美好，所以每当我看到别人对同桌的美好回忆和赞美，我甚至都怀疑那是假的。但是抛开那些不愉快，每一份经历也都给人不同的影响。也许正是因为我的这些经历，才能让我后来一个人在马来西亚生活时遇事不惊慌，比较沉着吧。

搬家

小学三年级的时候我们又搬了一次家，重新租的房子。

刚上学的时候我们家租住的房子离学校很近，但是房子比较小而且还矮，妈妈说不到 90 平方米。小区里楼房比较拥挤，不仅没有活动场地，连停车位都相当紧张，爸爸经常需要把车停在小区外面的马路上。

尽管如此，房东还是要给我们涨房租，哪怕因为违约，他要承担违约金的损失。可见好学校附近的房子有多么抢手。

妈妈于是决定换房子，想用这边涨价后的价格换一个大一点的房子，住的不那么憋屈。我们家在第一次租房子之前住的是妈妈单位的宿舍，房子大且敞亮。我就给妈妈提议说要是能租到有学校班车的房子就会很方便，妈妈觉得我说的有道理，就奔着这个条件去找房子。

看房子的时候，是我和妈妈一起去看的。房子超大，是带阁楼的那种，而且楼上还有一个挺大的露台，我一眼就喜欢上那个露台了。上下两层有 200 平方米，而且客厅是两层通透的，很高，空间感很好，关键是不贵，和先前学校附近的房子差不多是同样的价格。这里可以坐班车上下学，下午放学以后我可以早点回家，所以我和妈妈都很喜欢，房租价格我们也能接受，还有，那个时候爸爸妈妈工作的地方离这里也都很近，所以我们和房东一下子就签了五年的合同。

这是一个全新的小区，需要去慢慢适应，但是适应新环境，对小孩子来说不是什么难事，因为我们好动。

放了学以后，做完作业我就会出去满院子跑，所以小区的每个角落几乎都跑遍了，以至于有时候晚上和妈妈一起外出散步的时候，妈妈惊奇地发现，我对小区各个角落的了解超乎她的想象。

那个时候喜欢玩的运动项目有篮球、活力板什么的，可惜小区里没有篮球场，想打球的时候就只能出去拍拍球，更多的时候是玩活力板。活力板是滑板的一种，只有两个轮子，主要是利用腰部、臀部和双脚的扭动以及手的摆动来驱动活力板前进的。因为我天天玩，所以玩得很溜，妈妈后来都很惊讶我竟然玩得那么熟练，而我也体验了一把熟能生巧带来的自豪感。

新的小区里空间很大，绿化也很好，有非常多的不同品种的树和花，直到现在我也认不全，只是记得从春天有花开开始，一直到秋天都不断有不同的花开。我想这应该是园林设计师的功劳吧。但是这个小区美中不足的是停车位预留的不够多，大概建小区的时候没有想到大家拥有私家车的速度会这么惊人吧。所以很多停车位只能划在路边，占用了道路，让原本还算宽敞的路变得狭窄，对我们这些喜欢玩的小孩子来说，这些车真的是一些障碍，而且也不安全。

不管怎样，这个小区可以活动的空间还是挺大的，环境在济南也算是数得着的，大门外那条路，每到春天，路两旁盛开的玫瑰花都非常美，那条路已经成为济南市最美的路了。

我在这里生活了三年多，有快乐，也有不开心，我写诗最多的时候就是在这里生活的几年。

交友不慎

有了网络和各种电子产品，现在的小孩放学回家以后还能出来玩的并不多，一个原因是国内没有很适合的环境，比方说不安全，可供玩耍的场地不够多，另一个原因是找不到同伴，而找不到同伴的原因是因为网络游戏和电子产品的诱惑，大家不用出门就可以打发掉时间，还有一个原因可能是家庭作业比较多，等等。

在学校附近住的时候，放学以后我就被接到托管班去了，等到妈妈下班把我接回家的时候天都已经黑了，通常也不会出去玩，即便有时间可以出去玩，也因为没有场地、没有玩伴而放弃了。当我们搬到新的小区，因为我每天都可以坐班车早早回来，所以有大把的时间可以出去玩，自然也希望有玩伴。

搬过来不久，在同一栋楼里有一个孩子跟我上一个学校，在这里我用F 称呼他吧，同级不同班，因为住的这么近，我们自然开始有接触，也开始在一起玩。但是他在学校里是出了名的不遵守规矩的那种学生，而且学习也不好，名声更是一般。我当时并不在意这些事实，并不懂如何选择朋友，涉世未深的我自然也不觉得跟我同样年龄的孩子可以坏到哪里去，还是继续和他交往，没有和他保持距离，所以教训便来了，我自然是被欺负和奚落，当时还不开心了好一阵子。

我当时怎么也想不明白，为什么我待他那么好，把他当朋友，而他却以这样的方式对我。总有种一片好心被狗吃了的感觉，而且狗还开始咬我了，很长一段时间我心情一直都不好……

后来，我把自己的郁闷告诉了爸爸妈妈，爸爸第一次警告了他，然后他就有所收敛，而我也因为有爸爸的支持，心里轻松了很多。但是因为他欺负人已经成为习惯，总是不把别人放在眼里。所以过了一段时间以后，还是会偶尔过来惹我，有时候我会回敬过去，但是因为我本身并不喜欢暴力，也不想和他有什么肢体上的冲突。后来爸爸又警告过他一次，他才彻底收敛。从此我们井水不犯河水，虽在一栋楼里住，见面却形同陌路。

现在想想，还是会觉得这是一段黑历史，不过，从另一个角度看，这其实也是很珍贵的一段经历。而在那之后，我也开始学会观察别人，也懂得了什么人适合当朋友，什么人是永远不适合当朋友的，如果价值观和世界观都是截然不同的，那自然无法相处。

其实看一个人，从他所身处的环境与他身边的人来看是最直接的方法。也是从那个时候开始，我真正的对人性有了一些认识。不过我还是喜欢多给别人一些机会，像F这个人，我就给过他很多的机会，但最后得到的结果都是一样，这也让我意识到一个人不会那么容易就改变，也逐渐理解了“江山易改，本性难移”这句话的含义。但是我付出的代价太大了，我耗费了太长的时间纠结于和他的关系。如果我可以早早地看透他的本质，并且能够果断做决定，自己也不会那么难受了。

有时候，人生中经历的一些事情就像当头一棒似的，足以敲醒一个人，从而造就其性格和对人生状态理解上的转变，促使一个人成长。我和F之间发生的种种摩擦和不愉快，对我来说正是这样的转折点。虽然我现在已经记不得那么清晰了，很多细节也都已经忘了，也忘记了因此做了哪些深层次的思考，但是这段经历的前后，我对世界和他人的看法的差别是很明显的，我非常清楚自己的变化，从此以后我开始思考得越来越多。

也许这是我必须经历的一段痛苦，因为之前我的生命中充满了阳光和温暖，根本不知道这个世界上还会有龌龊、欺骗和邪恶。我很幸运，没有被这些打垮，而是用自己的方式去思考，我还可以去积极地面对人生。但是我有一个同学，就没有我这么幸运，我不确定他遇到了什么事情，总之，小小的年纪就对人生充满了抱怨和无奈，我曾经试图去改变他，但是我毕竟还是个和他同龄的孩子，能力不足够。

我们这个年龄段的孩子，其实也会遇到很多的烦恼，但是大人往往因为工作上的忙碌会注意不到，全靠孩子自己去排解，排解不掉的话，就会出各种各样的问题。所谓的问题孩子其实说明家长也是有问题的，不能完全责备孩子。有时候细心的家长也会注意到，但是因为小孩和大人的思考不在一个频道上，所以未必会有非常好的结果，要么是孩子的思考被压抑或者被家长粗暴干涉，要么是家长代替孩子去处理问题。

在我遇到这些烦恼的时候，也是爸爸妈妈工作都非常忙的时候，所以我没有从一开始就把所有的事情都说给他们听，而是采取自己一个人思考的方式，有时候也会向他们透露一些事，听一下他们的意见，然后再自己思考。我经常会在晚上睡觉的时候去想这些事情，所以我入睡很慢。

虽然我可以想明白一些事情，但是有些事情的处理还是需要大人出面，该求助还是要求助，所以我向爸爸妈妈求助，而爸爸也破天荒地去警告了他。这是我有记忆以来他第一次这样做，因为他是一直主张要学会自己解决问题的。

去年有一天我和妈妈在湖边散步的时候，聊起这段经历，聊起那个时候我思考的问题，聊起这段经历对我的影响，妈妈非常惊讶，她没有想到我会想那么多。同时她也觉得非常不好意思，因为她觉得自己在我和姐姐的成长过程中有太多的疏忽和粗心大意了。

军训

军训也算是中国教育的一个特色吧。

五年级的时候我们一整个年级去军训，第一次远离父母，同学们都有一点兴奋。

上届同学说那是“地狱”，但是上上届同学说很好玩。所以，我们就很好奇到底是好玩还是“地狱”，会做一些什么活动。

军训的流程应该大致都一样。我们到达训练基地之后，先集合起来跟教官见面，教官讲了一些开场的话，然后再给个下马威，严肃纪律。

我对我们这次军训的第一印象很不好。因为我们来了之后要分宿舍，一整个年级有五百多个人，结果他们安排的宿舍只够女生和前六个班的男生，让我们一大帮人在外面站了半天，先被安排了宿舍的同学都收拾好了，我们才被安排进宿舍。

大概是因为我爸爸经常在我面前讲一些管理的话题，所以就特别在意这一点。心说：你们还要我们的军训结果，但是你们自己的管理反倒出了问题，效率这么差。

军训正式开始，我们一直被灌输集体观念。军训的大部分时间都在站军姿，我本身并不反感接受训练，站军姿倒也能锻炼毅力，但是，我不喜欢站军姿的规则，因为规则规定如果连队里有任何人说话或者动了，我们整个连队的人就要一起跟着受罚。

倒霉的是我跟秩序最差的一个班分到了一起，结果我们这个队老是被罚，成了站军姿最多的一个团队。而教官又在我们站军姿的时候一直在讲集体啊、团结啊、荣誉啊什么的，这就让我特别反感，我们在这里不断被队友拖累然后还要被灌输集体观念，说明这种观念不管用。我不确定别人是怎么想的，至少这对我起到了很大的反效果，导致我那个时候有很长一段时间特别厌恶各种关于团体或团结的东西。我对军训时的很多规则和安排都十分不理解，除了集体和团结的概念，就没有别的了吗？所以军训结束后我对它的印象其实并不怎么好。

不过，在军训的过程中，还是有一些比较好玩的活动，我们也会被安排做一些手工和游戏什么的，也挺锻炼我们的，通过这些活动，有心的人会发现自己的不足，而只是凑热闹的人玩过也就玩过了，不会有什么长进。

我们参加军训的时候，年龄大概都在 11 岁左右，还都是小孩子，可能有些孩子在家里过着衣来伸手、饭来张口的生活，所以离开父母以后自己照顾自己就会有一些吃力，无所适从。我们同宿舍的室友，就有半天套不好被子、叠不好被子的。而在家里干过家务的就不一样，会轻松很多。

我爸爸一直鼓励我和姐姐多动手，所以曾经给我们安排过做小板凳的任务，巧的是我妈妈竟然保存有木板什么的，我都怀疑他们是不是早就串通好了。所以我和姐姐都做过小板凳，虽然都是用钉子钉起来的，但至少我知道怎么用锤子了。这次军训，类似做小板凳这样的经历就给了我很大帮助，回家以后我还感谢了老爸呢。

军训的纪律很严，而且游戏活动什么的也不是每个人都喜欢，所以很多同学都会表示反感，有各种各样的抱怨，甚至有骂教官的。但是戏剧性的变化是，离开的时候几乎每个人都是恋恋不舍的，哭得稀里哗啦的。我很奇怪为什么会出现这样的场景。

在我们即将结束军训，要离开的前一天晚上，有一个教官开始给我们发表了一段煽情的演讲，可能我天生有什么抗性吧，我发现到最后所有人都哭了，就我一个人尴尬地站在那里，看着他们哭，表示无法理解，而我旁边的同学看到我一脸无奈还吃了一惊，问我怎么这么厉害，都不会哭。就是教官这一大段演讲让所有的同学都对军训有了改观，他们开始舍不得离开了，一些头一天还骂得很欢的同学也是痛哭流涕。

第二天下午我们离开训练基地之前，另一个教官又发表了一段煽情的演讲，更煽情的是这次还有那种淡淡哀伤的背景音乐，当然又有一大堆人开始哭了，等他讲完，所有人都怀着不舍和感恩的心态……

军训结束，我一直很好奇，人为什么一下子会有这么大的改变？是什么力量可以这么轻易改变一个人？或许是因为我们在站军姿的时候，教官给我们讲了一些他们跟以往接受军训的学生的温馨故事，即便我们对那些故事里的情感完全没有体验，也还是会让我们从潜意识里对号入座，认为我们也都是好孩子，也会经历那么温馨的故事，并且认为他们其实是跟我们很亲近的人，所以离别的时候也就很容易被刻意渲染的离别情绪感染。

在他们演讲的内容中提到了很多比较大的概念，像国家、未来和自己的家人，比如讲到我们是祖国的未来，老师和家长是如何为我们付出了一片苦心，又讲到他们其实是如何为我们好，而这些都是可以很轻易调动我们情绪的话题，然后就转到别离这个话题上，先从他们自己的角度讲，他们每次对学生是如何的不舍，将我们带入这种情绪之中，所有之前不好的情绪都被离别的伤感给冲刷掉了，再加上那一句句为我们好的话语，一下子就让很多人“豁然开朗”，原来他们都是为我们好，不是他们不好，不是他们严格，是我们自己不够好，对他们便只怀着感激之心、愧疚之心……

仔细想一想，总感觉这个流程很熟悉，老师和家长的教育方式似乎都和教官的这种模式大同小异，先是狠狠批评或者打骂一通，然后又搬出来很多大道理，走“煽情路线”。其实这些都是套路，很可怕的套路。

这种套路，很容易让人陷入煽情的陷阱，大人如此，小孩子更如此。但是只要一走“煽情路线”，就意味着让孩子失去了理性思考的机会。

无论是大人还是孩子，只要一动情就没有什么理性和智商了，完全变成了情绪主导。之所以现在的人很容易被煽情感动，大概是因为这套路是他们从小一直接触并认可的，没有人发现有什么不对的地方。每个人也都在不同程度上打着煽情牌来达成自己的目的，所以大家都见怪不怪了。

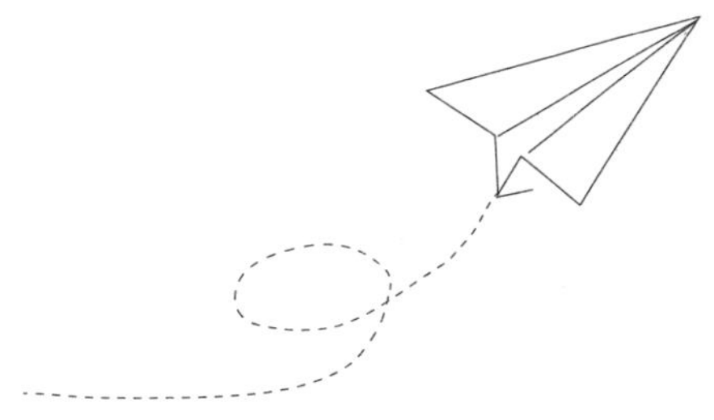

奇葩老爸篇

怎么就想起出国了呢

也许很多事情就是有机缘巧合的缘故。

每个人的选择与周围的环境和人对自己的影响是有关系的，机会来的时候能不能抓住要看自己是否做好了准备。

我姐姐刚上高一就遇到了美国高中的交换生项目，可能因为我爸爸经常在她跟前说要让她长大了出国留学之类的话，所以她对这个项目是向往的。但是那个时候我们家的经济状况并不好，妈妈说那个时候家里只有 5 万元的存款，而交换生项目的费用需要 10 万元，妈妈并不愿意让姐姐参加这个项目，但是这个项目信息却是妈妈去开家长会的时候带回来的。

在我们家，这种大事是我爸爸说了算的，他坚持要让我姐姐参加这个项目，他认为钱可以挣，机会一旦丢了就没有了。在他的坚持下，妈妈就忙着给姐姐办各种手续，现在还依稀记得一点那时候的情景。

姐姐参加这个项目也是需要经过考试的，这个项目当时在济南也只是在实验中学和山师附中推广的。妈妈说姐姐因为在初中毕业的那个暑假集中上了一个假期的英语口语课，所以面试和口语交流测试就顺利通过了。

妈妈说那个时候姐姐去上英语课，并没有十分明确的目标，只是觉得不能把英语学成哑巴英语。所以后来妈妈经常感慨“机会总是垂青有准备的人”这句话是对的。

因为有姐姐先出国这个事儿，所以我对出国就有了概念，当时也没有觉得出国有多难，而且姐姐假期也会跟我讲很多国外的事情，觉得很好玩。

可能就是因为这些原因，所以当我有机会可以到马来西亚读书的时候就毫不犹豫地答应了，当然这里面也有初生牛犊不怕虎的原因，因为那个时候我的英语其实很差，上学的时候只满足于完成作业了，并没有多练习说和写。

还有一个原因，我觉得需要归功于我的父母鼓励我尝试新事物，引导我独立思考，这个很重要。

说到这里，就不得不讲讲我爸爸的光辉事迹了，虽然他看上去一脸严肃、道貌岸然的样子，但其实本身并不怎么正经……

听说过骗儿子喝尿的爹吗

我爸爸在我心目中有着一个很特殊的形象，那就是从小我就把他当作坏人。

大概是因为他给我的一些不愉快的经历，比如我很小的时候刚刚堆好了积木，他就走过来故意给踢倒了，或是在我吃饭吃到一半的时候把碗拿走放到我拿不到的地方……诸如此类，所以从我有记忆以来他给我的印象总是个坏人。但是，每次他闹完我之后我妈妈总会过来给我解释说其实他只是想逗我玩，并不是真的坏人……我总是半信半疑，既然不是坏人，那为什么老是欺负我这么个小孩？

更让人无语的是他竟然依仗着大人的心眼儿骗我喝尿，看到这儿你是不是觉得这个爹太奇葩、太不靠谱？可是这的确是真的。

那是我刚上三年级的时候，我妈妈难得去出差，就留下我跟爸爸在家里。众所周知，当家里只剩下爸爸跟孩子的时候将是孩子灾难的开始，要么是爸爸不会照顾孩子造成的灾难，要么是爸爸故意整蛊孩子，给孩子带来的灾难。像我爸爸那种从小就不断整蛊我的人自然不会放过这么好的机会。

首先，我爸爸竟然让我给他做饭吃，幸好妈妈教过我西红柿炒鸡蛋，但是我忘记加盐了，事后他还一个劲儿跟妈妈告状说我没有加盐。其次，他早晨不叫我起床，让我自己定闹钟，还要我叫他起床。我就在心里想，他怎么能这样？我和他不应该反过来做这些事吗？

现在看来，这都不算什么……

那天早上，他一脸猥琐地过来找我，我一看就知道不会有什么好事，心里虽然有警觉，但是并不确定会有什么不好的事情。

他说要跟我比赛，我就问："比赛什么啊？"他慢条斯理地给我讲："你不是想当探险家吗？最好从小就锻炼一些生存技能，万一在野外没有水的话就得喝尿了，我也跟你一起喝，陪你锻炼一下，你觉得怎么样？"我的内心是拒绝的，心想：闲得没事干了吗？为啥要喝尿啊！可他就在旁边不断地怂恿我，我经不起他的软磨硬泡也就同意了。我当时就想反正他也得喝，这样也不算亏……

然后他就问我，是要在客厅一起尿还是各自回房间尿。我自然想要各自回房间，一来都在客厅怪难为情，二来我想回到房间后还可以看看能不能找什么饮料替代，找寻了半天也没有找到合适的，我爸爸又在外面直催我，就只能硬着头皮上了。

我走出房间之后，看着他瓶子里的液体，有点怀疑他的是不是真的。没想到他直接问我要不要换着喝，我想都没想就拒绝了，也就没有再怀疑。但是我迟疑着不想喝，他就先开始喝，我看他喝下第一口后那痛苦的表情，看他一脸囧样地描述着：咸咸的，还有一股骚味……我不禁暗暗幸灾乐祸，结果看他猛灌几口后就喝完了。没办法，他喝了，我也必须得喝了，心想，他喝那么快，或许也不怎么难喝吧。结果当我怀着忐忑的心情喝下第一口的时候，啊！这当真是我人生中喝过的最难喝的东西！差一点就吐了出来，这味道跟他描述的一模一样，完全没法想象他是怎么喝下去的，我还问他到底是喝过多少次，怎么那么厉害，喝得这么快。

我很无奈地盯着那瓶子，只能硬往嘴里灌，好几次差点就吐了出来，这时候就换他在旁边幸灾乐祸了，爸爸说我大概用了五六分钟的时间喝完，而我却觉得时间要漫长得多。然后一整天都感觉嗓子很烧，真的无法想象别人是怎么用尿解渴的，反正我是打死都不会这么干了。

等我喝完，他又神秘兮兮地给我说："告诉你一件事，但你要保证不会秋后算账。"然后他带我到他屋里，从床底下拿出来一罐啤酒……

我当时差点没晕过去，哪有这么坑儿子的爹啊！怪不得他喝得那么快！之后他还一直刺挠我，我当时要是跟他换了就变成了他被我坑，如果我们不回各自房间尿也就不至于只有我一个人喝了……

这件事也就成了他的"光辉事迹"，讲课的时候经常会拿出来讲，当作他的案例来证明在行动中学习的重要性，这下搞得一堆人都知道了。

除此之外，他还经常替我"做广告"，他说很多事都要先吹牛吹出去，这样才能有完成的动力。他用这种方式逼我做很多事，包括写这本书，虽然同意写书也是我答应过的，但是还是搞得我很无奈，也更稳固了他在我心目中“坏人”的形象。

他经常拿我跟他之间的一些事作为讲课的例子，喝尿这件事他一直都觉得自己很英明，每一次说起来都是一脸的得意，可是妈妈却说他输给了我的诚实守信。妈妈的话让我感到有些快意。

不过有一件事倒是他被我“耍”了。在我挺小的时候，据说是有一个小孩儿在校车里被闷死了，这个事儿对家长们触动很大，我爸爸也不例外，他想验证我是不是有自救的能力，所以他就叫我去砸窗玻璃。

可是，我知道如果我真把窗户砸碎了，除去要再换一个不说，我妈妈肯定会骂我，所以我就拿了一个毛绒玩具砸窗户，既不会砸碎玻璃也完成了砸玻璃的这个行为。我一直觉得我真是太聪明了，结果他却拿这个去讲课，说现在的孩子都没干过活，生存能力太低，拿布娃娃砸玻璃……唉！他根本就不理解小孩的心理，哪里会像他想得那么复杂，总喜欢拿这些事儿去说事儿。

直到前段时间有一次聊天的时候聊起这个事儿，他还在感慨，幸亏他从小就训练我的生存能力，我才告诉他为什么我要拿毛绒玩具砸玻璃，然后就轮到他很无语了。原来是他理解错了，我还没有他想象的那么笨。

大人总觉得自己比小孩聪明，其实只不过是因为他们长大了以后多了一些“坏”心眼儿，还有总是喜欢证明他们自己正确。所以小孩其实挺可怜的，有时候碰上自己笨却还要坚持自己聪明、让孩子听自己话的父母，小孩也没办法。

我爸爸在我心里虽然一直是个“坏人”的形象，但是他却一直能给我很多非常可行的建议，也会安排我做很多当时我不愿意做但是后来证实是很有用的事情，这一点我倒是很幸运的，当然也是会经常被他“耍”了。

考试得了C，爸爸却奖励了我

我们都知道，在国内学校里，学习成绩是至上的，而且家长也都十分重视孩子的考试成绩，都希望孩子拿个高分，考个好名次，上个好学校。

听过一个脱口秀，说对比欧美国家的父母跟亚洲的父母，亚洲孩子特别是中国的孩子考 99 分都要被骂，而欧美孩子只要考及格了，他们的父母就会很高兴。我觉得这种说法有些夸张了，但也可以非常明显地看出家长对于孩子成绩的两种态度。

如果你要问我父母属于哪一种，他们应该是第三种，特别是我爸爸。因为他们基本不问我考试成绩，只问我是不是懂了，而且我爸爸看我每次都考什么A+，他就不舒服，说他自己小的时候都没考过A，我不能一直考A+ 啊，这让他很没面子……

我妈妈说，她小时候都是考双百的（语文和数学两门课），但是小时候的考试成绩和将来的成就没什么关系，所以她也不是很在意我们的成绩，我和姐姐从来没有因为考试成绩挨批，大概也因为我们经常都会考A+。虽然A+ 的成绩也不错，但还是不如她小时候的双百那么优秀。

我爸爸更奇葩，总是盼着我们能考个非常不好的成绩，经常在我跟前嘟囔："儿子，你什么时候考个不及格啊？"在他的不断催促之下，我终于有一次真没有考好，考了个C。

我灰头土脸地回家宣布自己的考试成绩，结果我爸爸可开心坏了，竟然立马奖励给我一百块钱，我当场就懵了，这……这……这是啥意思？这是鼓励我不好好学习吗？

我就问："别人都是考A+ 才会有奖励，我们家怎么给反过来了？"

"我们班有个同学，他爸爸是大学老师，他考 99 分他爸爸都不高兴。"

我爸爸就说我可以给同学讲我考了C 他给我一百块钱的事儿。第二天我真给我同学讲了这件事，结果他们都羡慕得要命，都说他们要是像我一样有这样的爸爸该有多好……唉，他们只看见了我的幸福，没看见我喝尿的苦啊……

后来我爸爸又开始怂恿我考零分，如果我能考零分他会重重地赏我，记忆中好像我姐姐也一样被怂恿过，不过她那会儿应该已经在国外读书了，但是我和姐姐都没敢这样去做，觉得真要考个零分那得多丢人啊，虽然重赏的诱惑很大，但还是以好学生的自律抑制住了。

我爸爸等了很久，也没有等来我们的零分，后来他就很一本正经地告诉我们："其实考零分并没有那么容易。"

开车的体验

我爸爸其实也是个很调皮的人，看上去不大靠谱，想起一出是一出，有时候会让我们有很奇怪的感觉，甚至是抵触，但是现在我们再回过头来去聊那些曾经的经历的时候，会发现大多数时候爸爸都是有良苦用心的。

我从小跟妈妈和姐姐在一起的时间比较长，爸爸太忙，平时几乎就没有时间陪我，而且经常是我睡觉的时候他还没回来，我上学的时候他还没起床，他只有在节假日的时候才会带我们一家出去玩。所以我小时候的性格比较柔弱，也比较胆小。爸爸觉得我要有男孩子的闯劲和胆量，所以有时间他就会有意识地鼓动我做一些事情。

在我很小的时候，大概刚上小学，在一个周末的下午，爸爸开车带着我到山里玩。路上，他突然问我想不想开车，估计受很多赛车电影所影响，我当时对开车抱有极大的好奇心，觉得特别酷，所以便毫不犹豫地答应了，爸爸真的就把车停下来了，要让我开车。

当时我还太小，够不着油门和刹车，他就让我坐在他腿上，他负责踩油门和刹车，我负责操控方向盘。

就这样，他直接带我到了山区，我就在那蜿蜒陡峭的山路上完成了我人生中的第一次驾驶。山路很窄，爸爸竟然敢让我开，万一我一不小心拐大了他又没刹住就尴尬了。后来我问爸爸，他就不怕吗？他说刹车和油门就在他脚下掌控着，方向盘其实也在他手里掌控着，所以实际上还是他在开车，但是让我坐在他腿上手握着方向盘，既满足了我的好奇心，也达到了他让我体验惊险的用心。

就这么到了天黑，回去的时候还是我开，因为那个时候还小，感觉一直走直线太无聊了，就特别喜欢变道，结果有一次变道的时候没有看见后面有一辆车，差一点就把他给别到沟里去了。幸亏没有发生什么事，现在想想还会后怕。

爸爸给我的这次体验，让我至今感觉开车是一件很简单的事情，因为那么难走的山路我都走过了，以至于我对开车一直都有一种跃跃欲试的态度，现在我们有时候还会开玩笑，说我的驾龄比我妈的驾龄都长。

虽然我把这段经历写了出来，但绝对不是要鼓励这样的行为。毕竟这样做不仅违反交通规则，还有一定的风险性，安全至上。

教爷爷用智能手机

我们都知道，人老了学东西慢，而且也不愿意学新东西，尤其是我们小孩子使用的电脑、智能手机这些电子产品。但是，现在网络和智能手机已经很普及了，如果老人也能用，不仅联系会很方便，他们看新闻、听戏、听书也会很方便。

我爸爸是属于那种非常愿意尝试新兴事物的人，也愿意强迫别人尝试，尤其是他的爸爸妈妈，也不管他们愿不愿意，就直接安排让他们接受，但是很多事儿他自己又不做，而是交给别人去做。

当智能手机盛行，又有了微信以后，人们的即时联系就变得非常方便，我爸爸就想让爷爷奶奶也学会用智能手机，一是因为用微信联系比较方便，二是不想让他们老得太快，想让他们接触一些新鲜的事物。

这个愿望很好，但是真正让他们接受并学会智能手机并不简单。爸爸把这个任务交给我了，让我假期去看他们的时候教会他们。当时我的第一反应就是我怎么可能教会他们？他们那么大年纪了，我觉得能说服他们使用就很不容易了，更何况还要教会他们！假期又短，就三五天，时间根本不够。

我爸爸看我不情愿，想逃避，就说如果我不去做，或者做了但是没完成任务他就扣我一千块钱。一千块啊，对小孩子来说那不就是天文数字吗？我干家务挣的那点钱根本就不够扣的，我只好乖乖地硬着头皮上了，反正我必须完成这个任务。

实际过程跟我所预料的一样，光说服他们用智能手机就花了一个多小时。不过我爸爸其实还教了我一招，他说只要我告诉爷爷奶奶，如果他们学不会，我就算完不成任务，爸爸就要扣我一千块钱，他们可能就会因为心疼孙子而改变主意，也会很快学会。而我就用爸爸教的这一招加死缠烂打，总算让他们接受了，然后就是教他们怎样使用手机里的功能。

还好，虽历经“千辛万苦”，但总算完成了任务，奶奶还特意给爸爸说他们学会了，不让爸爸扣我的钱，就这样，我的一千块钱也保住了。

爸爸这是一箭双雕啊！爷爷奶奶如果知道爸爸要他们用智能手机的初衷应该很开心吧？有这么好的儿子！用一种老人能接受的方式去影响和改变他们余生的生活方式。从那儿以后爷爷就开始用手机看新闻了，爷爷本来就是读过书的，现在在他的老朋友面前就更像是有文化、有见识的人了。奶奶喜欢听戏，现在也可以在手机上听了。

其实我爸爸还让我给爷爷奶奶特意安装了学英语软件，不过学英语这个事儿，谁都没有抱希望，我爸爸也知道，所以他也没有要求什么。也许他只是想用这种方式告诉爷爷奶奶，活到老学到老才不至于衰老过快吧。

这方面我好像跟我爸爸有点像啊。我就刚刚给我妈妈做了一个后半生的人生规划：成为一个有百万订阅量的YouTuber、成立一家三合一的国际公司。我给她描绘了非常完美的未来，她很开心，还真的和我一起畅想起了未来。

最后妈妈却话锋一转，说：“儿子，你把你妈想得也太厉害了。”

看样子我还是要经常督促她，才能让她始终保有一颗年轻的心态。

妈妈劝我好好学习

我记得我是在五年级下学期的时候知道我会出国读书的。

听到这个消息，我自然是很高兴的，也充满了好奇和幻想。

在办理出国手续的那段时间里，因为我一直抱怨考试的标准答案，讽刺一些阅读理解的奇葩答案，我妈妈看出来我这些抱怨的背后，除了因为不喜欢这样的学习方式以外，也有不愿意花脑力记这些答案的原因。所以她还是让我继续认真学，她说："你不要因为要出国了，这些标准答案就不学了，万一国外的那种发散式的学习方式没学会，国内的标准答案也没学会怎么办？"

妈妈其实平时并不怎么关心我的学习成绩，也不给我和姐姐报补习班，我和姐姐的课本她几乎都没有翻过。没办法，她老人家小学学得太扎实，不用翻课本就能解决我和姐姐的学习难题，当然了，我们也没有多少难题问她。妈妈也不喜欢那些标准答案，更不愿意我们还要在课外的时间去学习那些标准答案。

但是有时候，大环境对我们的影响真的非常大。有些事情只是明白了还不够，因为在同样的大环境里我们没有太多的选择。虽然我们都知道国内教育方式的弊端，而她也理解我的喜好，但她还是会迫使我或者提醒我去好好学习，不希望我把时间浪费掉。也许大家都认为，无论用何种方式学，学到的知识都是知识，学总比不学好。

我心里虽不情愿，但是也没有别的选择，只是在心底里盼着可以早一点出国。

爸爸怂恿我“造反”

在我出国之前，我妈妈劝诫我要沉下心做好自己该做的事儿——学习，我爸爸却怂恿我“造反”。

吃惊吗？第一次听到爸爸给我说这话的时候，我也很吃惊。怎么可能呢？我一直以来都是乖孩子、好学生啊！虽然我对教育方式有不满，但也不至于去“造反”啊，大家不都是在这样的环境里接受同样的教育吗？我即便去“造反”，又能改变什么呢？还会让老师和学生都认为我是个坏学生，那不是毁了我一直以来的好名声吗？

现在想想，大概爸爸就是为了打破我这种思维框框的局限吧，可惜啊，当时我并没有意识到。

爸爸说：“你马上就要出国了，不在学校里搞个什么事啊？比方说，闯个祸、顶撞一下老师、和老师来场辩论什么的……”

我痴痴地望着他：“为什么？那样我不就成坏孩子了？是会被找家长的……”

爸爸竟然一脸坏笑，说：“没事儿，就算老师要找家长，找的也不是我，而是你妈……”

我妈在旁边也被他这种无厘头的话搞得十分无语，哭不得笑不得，直叹气摇头。

其实，我相信我们每个人都是有反骨的，小孩也是，只是在世俗的眼光中，很多人会逐渐舍弃。我们在小的时候，对一些事情会有一些与生俱来的判断标准，但是在世俗面前，在大人面前，小孩子往往就是会弱势到无法表达自己的思想，必须无条件顺从。我们被大人绑架了思想，被社会绑架了思考，然后我们慢慢丢失了与生俱来的判断标准，接受了大人和社会给我们的思想和标准，与社会接轨，与自然和纯真脱轨。

人类社会大概就是这样一代一代地轮回着，曾经的孩子长大成人以后也会用同样的方式对自己的孩子强势。人类社会真正的和谐，大概是每个人都能越来越多地放下自我的观念，多从自然和纯真的角度去思考和做事吧。

爸爸的怂恿，看似无厘头，像是在发坏，却让我认真地思考了一下。我的生活中有没有可以让我反抗的地方？我有没有能力和胆量去反抗？

妈妈说，有时候我会跟她抗议，抗议她伤害了我的幼小心灵，而每当这时，她总是会被我无辜的眼神和哀伤的语气逗乐，转身干别的去了。

但是在学校，我就没有胆量这样跟老师说话。其实学校里有些规定是不合理的，但是没有人敢提出来；有时候有些老师的做法也欠妥当，甚至太过强势；有些老师善于狡辩，大道理翻过来覆过去地讲，里里外外都是老师的理；有些老师善于煽情，用情感绑架孩子们，或者用类似“打你一巴掌，再给你个甜枣吃”的套路，等等。这些都是让我无法接受的，我曾经多次想过要和老师辩论，但一直没敢。

爸爸给我出主意，让我去拉别的同学入伙，一个人不敢说，几个人一起总该敢了吧？结果我问了一大堆同学，没有一个人愿意的。即使我保证如果出了什么事，责任由我来承担，还是没有一个人敢跟我一起去申诉我们的观点，大家情愿被老师的套路控制。

合纵连横失败，灰头土脸回家，我爸爸也摇头无语，怂恿不成功。

现在回想起来，真的有点儿后悔，觉得临走之前没在学校搞点什么事情真的很可惜，那是多好的一个机会啊，我不用担心“黑”档案会跟随我的一生。

我知道自己没有胆量去和现实面对面地较量，所以那个时候我唯一能做的，就是考试时那些问我“自己想法”的题目，我明知会错，但还是按照我自己的想法来回答。

出国前的准备

与其说爸爸不是一个安分守己的人，倒不如说他其实是一个为了孩子的未来愿意做各种尝试的人，正是因为他的坚持，才让姐姐有了出国的机会。

姐姐出国以后，也给我们带来了一些关于欧美教育体系的新资讯，加深了我对出国的向往。而爸爸也在为我的教育做打算。

姐姐出国以后，我们家的经济状况也逐渐好转，爸爸了解到马来西亚的第二家园计划比较适合我们这种财力不是很大、但是希望接受欧美教育的家庭。

我们家在我正式出国之前，为了考察马来西亚的环境是否适合我们，我们就报团参加了一个新马泰七日游。

在这之前，我虽然向往国外的生活和教育方式，但是对国外根本没有概念，有的都是一些想象和道听途说，并没有具体的感受。

但是跟团游的一个缺点就是会跑很多路，总是急匆匆在赶路，每个景点停留的时间都不够长，对小孩子来说，就是看个稀奇，感受一下和国内的不同，还有就是体验一下这里的环境是不是自己喜欢的。这种喜欢应该只是感官上和第一印象上的喜欢，但是爸爸考虑的事情就多多了，我记得爸爸一路上好像一直在看地图、查资料。

旅行结束以后，爸爸决定移居到马来西亚，这当然是我喜欢的，因为这样我就可以到马来西亚读书了，再也不用去背诵那些死板的唯一答案了。

但是，我面临的最大问题就是语言关，为此我报名参加了课外的英语辅导班，但是一年下来，我的英语考试成绩虽然提高了，但口语还是很差，词汇量也严重不足。所以，虽然我对马来西亚充满了向往，但内心依然是忐忑的。

小学毕业寄语

我是在六年级上学期末来到马来西亚的，六年级下学期办理了转学手续。马上面临着小学毕业，很遗憾不能和同学们一起毕业。我们班要制作毕业纪念册，需要每个同学的毕业寄语，回想着过去和同学们的相处时光，我写下了下面这段毕业寄语：

小学毕业不应该是伤别离的时刻，因为我们的人生才刚刚开始起步。

我不想写特别优美的词句或是特别感人的文章，我只想在这里表达一些真实想法，而不是单纯的、只有不舍的感情。

我们在一起的时光里，的确经历了不少事，无论内容如何，这在我的人生中都是一段很重要的经历，正是这些经历成就了现在的我，我的思想，我的情感。

感谢你们在我这部分生命进程中带给我的体验与经验，让我成长。不过，这些事也都只是我们人生中的一部分，该过去的时候就要过去，或许我们只是彼此人生中的过客，毕竟情感这个东西是很脆弱的，也是难以掌握的。做了这么久的同学了，所以我不希望你们花太多时间与感情在已经过去的事情上，因为我们未来要走的路还很长。

理想总是美好的，我们心目中勾勒的世界也是美好的，然而现实却很残酷，但是这并不意味着我们可以怨天尤人，相反我们更要客观冷静地看问题，去寻找解决问题的方法而不是负面偏激，这世界不是就你一个人最孤独。想要完善这个世界，需要我们自己去做，而不是把自己禁锢在自己的情绪中自我安慰或是悲伤。

相处这么久，和同学之间磕磕绊绊的事情也是有的，在这里向这些同学说一声抱歉！或许是因为年少轻狂的冲动，没有良好的沟通，处理问题的方式还不够恰当。也许事情放在现在，我们可以有更好的解决方式，不会发生冲突。如果一切还可以重新来过，那该有多好。

每个人都要经历成长的痛苦、孤独与寂寞，不要单纯地奢望别人能够理解你，不同的人经历不同，成长的进程也不同，经历过你的经历的人，他会懂你但是未必会表现出来，还没有经历过的人，他自然不会懂你，但是他们迟早也会遇到同样的经历，这大概就是成长中不可缺少的事吧。

每个人都有故事有苦衷，不要看得太重，也不要太张扬，只要继续正常的生活。

最后祝愿七班所有的同学在未来的人生旅途中快乐成长，祝愿所有的老师工作顺利、生活愉快！

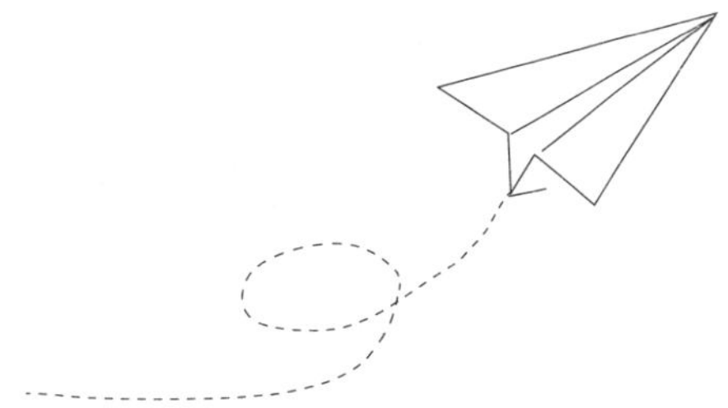

初来乍到篇

大马初印象

我是六年级上学期末来到马来西亚的。

好像是因为中间有一点变动，使得来马的时间和期末考试时间冲突了，我就没有参加那个学期的期末考试，虽然我也为考试做了充足的准备，心中还是有一点小窃喜的：耶！不用考试了！

刚到马来西亚的时候，爸爸妈妈和我的英语都不怎么样，好在我姐姐的英文说得超级棒，这让我们在处理一些事情的时候方便了很多。

虽然这是我第二次来大马，但是距离第一次来也过去了将近 1 年半，而且这两次完全是不同的心境，所以还是满眼都是好奇。

刚来的时候我们住在中介公司给预定的酒店里，到达酒店的时候已经是半夜了。从机场到酒店，一路上晕晕乎乎的，只是觉得路程好远，用了很长的时间，大概 1 个小时。

后来我们才知道酒店那一带的中文名字是谷中城（Mid Valley City），酒店下面是繁华的商场。酒店和公寓的下面配商场是马来西亚的标配，这在当时让我们感到非常惊讶和开心。

第二天上午，中介带我们到吉隆坡市中心去做查体，这是办理第二家园手续必备的项目。我已经不记得当时查体的几家诊所在哪里了，只记得诊所都很小，不像国内查体都要到比较大的医院。

我们是在国内冬天的时候到这里的，这里白天最高气温有 30 多摄氏度，骄阳似火一点不假，在室外会感觉很热，太阳热烘烘地烤着，但是室内冷气非常冷。

我们跟着中介跑了几家诊所，因为一个诊所不能把所有的查体项目都做完，所以我们是在热和冷之间来回穿梭着。这对于刚从中国北方的冬季过来的人来说，可以算是一个小小的挑战，无论是从生理上还是心理上，都是。如果是在夏季过来，可能这种挑战会小一点。但是马来西亚室内的冷气和中国夏季空调制造的冷有些不尽相同，马来西亚的冷气比较纯粹，是那种冰凉的感觉，而中国夏季的冷气总感觉凉中还带着些许微暖。

当我们做完这些项目，也到了临近中午吃饭的时间了。这边的中介公司事先给我们安排了午餐，在一家中餐厅，不知道是老板还是部门经理和我们一起吃的午饭。

在我们到达马来西亚之前，我们对马来西亚的教育、衣食住行等情况都知之甚少，知道的大多是在网上搜寻到的零星信息，很多时候我们对外界的认知都是基于自身的经历和获取到的外界信息的加工和想象。那个时候我对自己将来要读什么学校没有任何概念，爸爸妈妈也不清楚，一家人都觉得应该先过来了解一下再做决定。

所以，很自然地，在吃饭的时候爸爸妈妈就和中介公司的人了解这里的学校是什么情况，他们也都很乐意给我们做介绍，并给我们提出建议。

在马来西亚有三种学校，一种是政府学校，一种是华文学校，还有一种是国际学校。政府学校以他们的国语——马来语作为教学媒介语言，华文学校以华语作为教学媒介语言，国际学校则以英语作为教学媒介语言。显然，对从国外来到马来西亚读书的孩子来说，还是国际学校比较合适，直接接受全英文授课，对将来到欧美国家读大学非常有帮助，而且一旦在国际学校上学，回国参加国内高考的路就相当于被封死了，因为不是一个教育体系，学习的课程的方向、广度和深度完全不同。

我记得当时听完他们的介绍和解释以后，我们就已经决定要读国际学校了，而中介也有这项服务——帮忙联系学校，进行考察、参加考试等。因为牵扯到语言的问题，我们就请中介帮忙找一家语言学习班，当然，这些都是后话了，此处暂且不提。

因为要在这边居住，所以衣食住行的问题都要了解清楚。中介公司在这个时候就扮演了非常重要的角色。

那天中午我们在哪里吃的饭、吃的什么都已经忘记了，只记得是中餐，菜点的非常经济，不像国内那样会点一大桌子菜，吃完饭以后服务员立刻收走了盘子和碗，接着端上了甜点，这个习惯我还是第一次见。

我们在那间酒店住了两天，酒店的设施和早餐都很好，而且酒店下面就有很大的商场，这让我们感到非常舒适。

当我们拿到第二家园身份的签证以后，中介公司把我们送到了我们自己租住的房子，开启了大马生活的序幕。

异国生活的开始

我们一家人都不喜欢过于喧闹的环境，所以妈妈选择在离吉隆坡比较远的赛城租房子。

现在回过头去看我们当时的选择，我们的运气还真不错。妈妈说她其实对马来西亚也没有多少了解，只是按着自己内心的需求去寻找住处。可能越是这样越容易达成所愿吧。

当我们来到住处，我们一下子就爱上了这里。赛城是一座新兴的城市，所以人口并没有很多，我们住的地方又在布城太子湖旁，十分幽静，也很有大自然的感觉，这正是我们心中向往的地方。

那段时间，我们每天早晨都会早起去湖边晨跑，晨跑的时候遇到的人都会相互微笑着打招呼，说“Good Morning”。最开始的时候是他们主动和我们打招呼，我们有一些吃惊，和我们打招呼的人多了，我们也就明白了这是当地人与人相处的一种方式，所以后来我们也会主动和别人问好，这也算是入乡随俗吧。

不过美中不足的是吃饭不是很方便，中餐比较少，需要我们自己做饭。

房东是印度人，我们刚来的时候她很热情地带着我们到附近的一家茶餐厅吃了一顿早餐，主要是中餐，现在知道那个茶餐厅的所在地在龙溪，那里的华人也比较多，距离那间茶餐厅不远处就有一所华文小学。茶餐厅有点类似于国内的大排档或小吃店，通常设在路边，虽然饭都很便宜，但是很好吃。

马来西亚的公共交通系统不是很发达，我猜想主要是因为这边的人口不是很多，大家住的也比较分散，如果像中国那样发展公共交通系统，成本就会很高。还有一个原因是政府扶持国产汽车产业，鼓励其国民拥有私家车，使得马来西亚成为国民汽车拥有率最高的东南亚国家。人们出行更多依赖私家车，公交系统的发展则相对薄弱，但是随着私家车拥有量越来越多，吉隆坡的堵车现象越来越严重。目前，马来西亚的公交捷运系统（地铁）主要集中在吉隆坡市中心部分，虽然在市区坐捷运比较方便，但也不能算是四通八达，而公交车的使用率和覆盖率也不像中国那么高，所以私家车在马来西亚非常普遍，基本上每家都会有至少一辆车。

当然，在马来西亚一样有出租车和打车软件，但是因为马来西亚的汽油很便宜，所以相比较开私家车的成本，打车还是比较贵的。

我们当时选择了租车，这样我们就能自己开车，更方便地跑很多地方，了解当地的情况。

白天我们就开车到处跑，看风景，了解风土人情，看哪里更宜居。晚上妈妈就在网上查找学校的资料。可能有先入为主的原因，我们一来到这片区域，就喜欢上了这里。跑了很多地方，也没有找到让我们感觉可以超过这里的地方，所以我们把学校也定在了这片区域的范围内，一下子缩小了学校的搜索范围，所以就简单多了。

初逛商场

在马来西亚，不管是大城市还是小城市，也不管是大商场还是小商场，只要是商场，总是熙熙攘攘、人来人往的，很是热闹。

从商场的热闹程度来看，这里的电商业务应该远不如中国国内发达。可能因为这里的人口分布比较松散，数量也比较少，物流公司和电商公司很难像中国的公司发展得那么快；快递的成本会比较高，速度也会比较慢。

因为电商业务发展缓慢，所以这里的实体店生意都很热闹。我发现这里商场内的布局的确不错，主要以休闲体验为主，有各种娱乐设施以及随处可见的可供吃喝的店面，并不只是单纯的像百货公司一样，以东西品种为主要标准将楼层分类。现在中国国内一些新开的商场也开始与这里的布局模式类似了，不仅可以买东西，还可以娱乐休闲，吃各种美食。

这里的人喜欢逛商场，可能也与天气有关系。这里白天的最高气温常年在30摄氏度以上，比较炎热，所以大家都喜欢到有空调的室内。有时候我们也开玩笑，说这里的人之所以喜欢逛商场，可能是因为天气太热，在商场里有免费的空调和各种不是很贵的美食。

我们刚来这里的时候，正赶上要过农历新年，我们就到商场去看看可以买点什么年货。结果让我们惊讶的是，商场里出乎意外的有中国年的味道，室内的装饰和播放的音乐都十分地喜庆，是中国式的那种喜庆——红彤彤一片，张灯结彩，悬挂着大红灯笼，还有各种民俗风情的装饰。在超市中显眼的地方摆放着装满橘子的红箱子，连“福”字和春联都有得卖。听着熟悉的旋律，我感觉虽然身在异国他乡，却根本不用烦恼没有过年的感觉，相反，这里的年味似乎比国内的更浓。

感受华人新年

在马来西亚，每个民族都有自己的传统节日，比如马来人的开斋节，印度人的屠妖节，华人的农历新年，每逢各民族重要的传统节日，也是全国的公共假期，不同民族的人们之间也都会相互道贺。

因为马来西亚华人的祖籍大多在中国南方沿海一带的福建、广东、广西、海南，所以这里的华人农历新年，祝福语用的最多的是“恭喜发财”和“大吉大利”，马来人、印度人也都会说“恭喜发财”。

闲着没事儿，我们就开车出去转，想要体验一下这边华人过年的气氛。车是我们在机场租的，有车还真是方便，想到哪里就能到哪里。但是马来西亚的车是右舵车，和中国的完全相反，也就是说在道路上的通行方向和转弯的规则都是反过来的。我爸爸倒是很大胆，开着那辆车悠悠荡荡地跑来跑去，虽然刚开始还有些不适应，甚至差点逆行。

因为想要感受过年的气氛，所以我们就往华人多的地区开。在马来西亚要判断一户人家是不是华人，只要看看门口有没有挂灯笼就好了，红灯笼和大门上的对联是华人的标志。

除了这些标志，我们发现很多人家的大门外面都会摆放一个高高的小神龛，妈妈不确定里面供奉的是谁，后来问了当地的同学，才知道里面供奉的是天公。妈妈给我讲，她小时候也见过这样的神龛，嵌在农家院子的墙壁里。她说她记得那个时候听大人讲供奉的是“天地”，但是她一直不确定是“天地”还是“天帝”。妈妈接着说，在城市待久了，不知道现在国内在农家是不是还可以找到这样的神龛了。

妈妈说得有点黯然，可能她是因为自己对华人的祭祀传统介于清楚和不清楚之间才会黯然吧。而对于我这种在城市里长大，极少经历这种祭祀的孩子而言，并没有任何的影响。对我来说，只是觉得：哦，原来还有这样一说。

有一天，我们因为出门比较晚，又走得比较远，所以天都黑了，我们还在路上。

当华灯初上，瞬间给夜色带来一份神秘和华丽。我还记得当时我们开着车，七拐八拐，发现村落里有些地方的灯光格外绚丽，灯光里的景物让我们充满好奇，当我们走近，发现那原来是家庙或者是祠堂，不算大，但灯火通明，供桌上有不少贡品、香火。

对我来说，家庙一直都是个抽象的概念，根本无法想象。妈妈给我讲过关于家庙的事儿，但是她小的时候其实也没有去过家庙，她说那个时候家庙已经改作学校了，她也不知道过年的时候到家庙祭祀是什么样子，但是她听我姥爷讲过，过年的时候，大年三十的晚上，家庙里很是热闹，也看过家谱里画的小孩子提着灯笼去家庙的情景。

虽然妈妈没有去过家庙，但是每逢过年的时候，她家都会在大年三十的晚上偷偷地供奉、祭祀一下祖先，妈妈说，现在回想起来，还是会觉得很有意思，心里感觉暖暖的，她说自己虽然是个女孩子，但是当她仰着头看着家谱上那一行行的名字时，她觉得她的生命有来处，后来她出嫁了，就再也没有在大年三十的晚上看过那个家谱了。

爸爸家在他小的时候没有供奉、祭祀祖先一说，因为他家所在的村子，“破四旧”搞得很彻底，所以爸爸对供奉、祭祀祖先的仪式也是茫然的，只是随着年龄的增长，他骨子里有了一种寻根问祖的欲望，而我依然没有多强烈的欲望，只是觉得身为土生土长的中国人，竟不如马来西亚华人保留的中国文化传统、深厚，有点汗颜！

学英语的经历

到了马来西亚，和中介公司的人了解了这里的教育现状以后，就决定在这边上国际学校。虽然在国内补习过英语，但是离听懂全英文授课需要的英语水平还差得远，所以我必须在上学之前恶补英语。

马来西亚国际学校一年有三个学期，我来的时候正好是第二个学期末，我要么从第三个学期开始入学，要么再晚一些从第一个学期开始入学。无论什么时候入学，距离开学都有一段时间，所以爸爸妈妈决定让我趁着这个时间先学一段时间的英语。虽然我还没玩够，不是很想去学，但最后还是报了名去学习。

中介公司帮我们找的语言学校在吉隆坡，离KLCC（吉隆坡城中城，Kuala Lumpur City Centre）很近，吉隆坡的经济文化非常繁荣，的确像一个国际化大都市，走在吉隆坡的大街上，可以看到各种肤色的人。我的英语学习班上也是各个国家的人都有，当然都是来自英语非母语国家的人。

我本来觉得班里总会有几个年龄跟我相近的孩子，虽然知道这里的英语课程不限年龄，而且主要是面向成年人的，但还是抱有一些期望，结果到上课的时候，我发现整个班就我一个孩子，其他人大部分都是来自阿拉伯地区的一些大叔。那叫一个郁闷啊！不过有的时候我也觉得很好玩，就跟那些大叔用蹩脚的英语交流了两个月。

跟我坐在一起的是一位四十来岁的大叔，我们也成了好朋友。他跟我印象中的阿拉伯人还是比较相似的，留着蓬松的大胡子，戴着白帽子，身上穿着白色长袍，他的年龄是我们班最大的，而我刚好又是最小的，所以这种搭配很有喜感。虽然他年龄比较大，学起来有些吃力，但是他学习的态度那叫一个认真。虽然我因为年龄的关系学起来相对轻松，感觉比较简单，但他那认真的态度总让我感觉自愧不如，这其实也算是一种环境因素促进、带动了我的学习。

因为跟那些阿拉伯大叔相处了近两个月，我经常会开玩笑说我受他们的影响，说英语有阿拉伯风味的口音。后来，两年多国际学校的生活又让我说英语时有了马来西亚味的口音，以至于不熟悉我的同学总认为我是马来西亚华人……

其实学英语是很多国人的一大问题，很多大人学了很久也没有明显的成效，在大众普遍的印象里，学习英语成了一件很难的事，所以我所接触到的很多想让孩子出国留学的家长，都担心孩子的英语不好怎么办，能不能适应过来。

其实在我这个年龄段的孩子，适应能力普遍是非常强的，只要有纯英文的学习环境，学英语的速度也是蛮快的。但是有一点很重要，那就是需要避免将自己封闭在中文圈里。刚来国际学校的时候，很多孩子都会本能地去找会中文的学生做朋友，这会在短期内帮助自己解决很多问题，但是如果一直陷在这个中文圈子里，就把自己和英文的环境阻隔开了。我也见过出国快两年、英文却一直没什么进步的同学，就是因为这样失去了让自己快速学习提高的机会。

一开始是难免的，我刚到国际学校的时候也是这样，会去寻找可以简单沟通的对象，但是我很快就走出了那个圈子，主动与外国同学做朋友，参与到他们的圈子中，很快就融入到这个环境中，自己的英语就很明显地在变好。走出舒适的中文圈子，走进英文环境，做得越早越好，痛苦越少。

最初来到这里，爸爸妈妈总担心我英语不好，上学会吃力，甚至担心我因为英语入学考试通不过，结果还得再补习一年英语，耽误一年时间，本来我小学就比别人晚上一年，如果初中再晚上一年，那我就要比别人晚两年上大学。妈妈在我玩游戏的时候，经常在我跟前唠叨，让我去学英语，不要光贪玩。她说如果我英语不好，听不懂全英文授课就痛苦了，就不会觉得上国际学校是很开心的事了。天底下的父母，大概都如此吧。

不过，现在看来，他们的担心是多余的，我很快就适应了全英文授课，一个学期以后就渐入佳境了。反倒是他们俩，英语并没有什么长进，应该与他们没有纯英文的学习环境，他们又不大练习说有关系。

秩序井然的车站

刚开始去上英语补习班的时候，我们还在赛城租的房子住，离吉隆坡还挺远，所以每天我都会和妈妈一起坐地铁在赛城和吉隆坡之间往返。

马来西亚的公共轨道交通有好几种，比如机场快线、火车（KTM）、轻轨（LRT）、地铁（MRT）、单轨列车（Monorail）等，这些不同的名称应该是因为不同的机构承建和经营的缘故。这对初入马来西亚的中国人来说会有一些复杂，但是线路并不复杂，而且各个线路之间换乘车的衔接也还比较合理。

马来西亚的公共场所是比较安静的。我们去地铁站坐车的时候深刻体会到了这一点。我们第一次坐地铁是在城中城车站（KLCC），然后到中央车站（KL Sentral）换乘车。让我们没有想到的是，这里的人都十分遵守秩序，车站里人虽然多，却不吵不乱；站台的地面上，每个车门入口处都有上车的标识，所有人都很自觉地排着队，安静地等待列车进站。有一同坐车、互相熟悉的人，他们之间会有交谈，但声音都很小。上了车，车厢内也同样如此。

乘客如此遵守规则，让我感到很好奇。我们在国内大声说话的习惯在这种环境中也自然而然有了一些收敛，不然就会把所有的目光吸引到自己身上。

WhatsApp 是什么

在中国，我们用的即时通信软件，有QQ、微信等，但是在国外，大多数人都在用WhatsApp，据说这是一款隐私保护得比较好的即时聊天软件。

刚出国的时候，我只知道有Facebook，后来上英语补习班的时候看到同学们都在用这款软件，我也就跟着用了。有一次我发现身旁的阿拉伯大叔正在WhatsApp 上跟一个人用阿拉伯语聊得很开心，对方还给他发了很多图片，我笑他不好好学习、开小差，他告诉我和他聊天的那个人是他的父亲，已经 80 岁了。我当时很震惊，他父亲年龄那么大了，居然不抵触新事物，聊天软件用的那么熟练……

这让我想起老爸曾经让我教爷爷用智能手机和微信的事，我光是说服他用智能手机就花了将近两个小时，他一直以各种理由拒绝接受新事物，更别提教他如何使用了。而我那位大叔同学的父亲比我爷爷还要大，这些东西他却能够运用自如，他看到我那么惊讶的表情时都笑出来了。

中国人在外国人眼里的样子

中国人骨子里大多会有一种傲慢的心态，就是自我感觉良好，可是我们在外国人眼里是什么样子的呢？一份英语作业让我有了一点直接的认识。

我上英语补习班的时间虽然不算长，但是也经历了很多让我难以忘怀的事情。有一次在课堂上，老师要求我们每个人都讲述一下自己去过哪些国家，在这些国家都有哪些经历和感受。

我们班里有一个韩国女生，她是一个已经参加工作的大姐姐。她说她去过中国，在北京玩了几天，中国很繁华。老师就问她对那里的印象如何，喜不喜欢，她就回答说不是很喜欢，因为那里的人都不是很友善，而且没什么礼貌。结果她讲完之后班上所有人都齐刷刷地扭过头看向我，一脸疑惑，然后他们就说：诶？Max（我的英文名）不是挺友善的吗，也很有礼貌啊，感觉不像啊……我当即成了众人聚焦的目标，只好冲大家苦笑。

后来我了解到，在外国人的印象里，韩国人和日本人都是很遵守规则的，而中国人给他们的印象正好相反。看来有时候自我感觉和外界的评判是不一样的。

可能因为我们家比较遵守规则，也比较安静，所以刚来马来西亚那段时间，经常会被别人当作是韩国人或日本人。每每这时我都不知道自己是该喜还是该忧。

吃泰国餐带给我们的意外

后来为了我学英语方便，妈妈就在吉隆坡重新租了房子，依旧需要坐轻轨，但是不需要在路上耽搁太长时间。这一次房子租在一个马来人居住的社区，华人极少，所以周围也没有华人餐厅。

有一天晚上，我跟爸爸在住家附近闲逛，尝试着找一家饭店吃晚饭。那时妈妈回国给我办理退学的手续了，就剩我和爸爸两个人在家，不想自己做饭吃。

我们在路边看到一家餐厅，看上去应该是泰国餐馆，也没管那么多，就进去找位置坐下了。等服务生拿过菜单，我们一看：没有图片，全是文字，啥都看不懂。那个时候我的英语水平还看不懂菜单上的文字，爸爸就更不用说了，他上学时候学的那点英语早就忘到九霄云外去了，但是爸爸有一个比较强的能力：他看图点菜很有两下子，不过没有图片的时候他就傻眼了，我也有点傻眼，因为我也不知道那些文字是英文还是马来文，只能看出来哪些是汤，哪些是米，具体是什么就不知道了。

没有办法，我们只能随便点了，反正点菜点的很痛苦，花了很长一段时间。不过还好，等菜上来之后发现我们歪打正着，点的菜还都挺好吃的，庆幸我们运气还不错。

结账的时候，我们竟然发现那个服务生小哥会讲中文，但他并不是华人。我和爸爸面面相觑，早知道他会说中文，点菜的时候就直接问他了，这样我们点菜也不用这么辛苦了。不过这也让我们感叹马来西亚这个国家的人的语言能力，就连这样的街边小餐厅里的服务生也会说中文。

语言不通是中国人出国的最大障碍，但还不是最关键的，最关键的障碍是意识，我们往往喜欢从潜意识里拒绝我们不熟悉的事情，不敢去挑战未知的事情。其实，当你真正走出来的时候，你会发现一切并没有那么难。因为无论我们说什么语言，来自哪里，需求都是一样的，感受也都一样。

我们刚到马来西亚的时候，只有姐姐在的时候我们可以很清楚地知道自己点的菜是什么，姐姐开学离开我们以后，我们点菜的时候基本都是乱点，有图片的时候看图片，按图索骥；没有图片的时候，就去寻找熟悉的文字作判断，有时候也会查一下字典。爸爸说办法总比困难多，这是我们刚到这边时处事的态度。

一开始到这边的时候，我们也是什么都不懂，很多东西都是通过尝试搞懂的，这让我感触颇深。虽然我们在来之前多多少少了解了一些这边的风土人情，但是如果没有亲身的经历和体验，我们通过网络了解到的信息也只是自己头脑里经过加工的想象。

我们一家人都算是勇于尝试的那种人，最勇于尝试的就是我爸爸，他能看懂的英文不多，每次点菜都是凭感觉，但是每次他点的东西都不难吃，为此他是很自豪的，而他选餐馆的时候也是专挑那些我们没有尝试过的风味，这也影响着我敢做新的尝试。不惧怕尝试新鲜的事物，这一点我觉得在任何时候都是很重要的。

这次经历成了我们经常津津乐道的一个趣谈，也经常会引发我们的各种感慨。

语言能力是天生的吗？

马来西亚的语言环境是多元的。

马来西亚的国语是马来语，所以这里的华人都会说马来语，官方语言是英语，所以他们又都会说英语，而且华人不仅会说普通话，还会讲不同的方言。后来我们发现其他族群的人也一样会说普通话，而且说的非常标准。

那个泰国餐厅里的服务生就是一个马来人，他的普通话说的已经很标准了，但是他很谦虚，说自己只会讲一点点，其实他和我们交流已经没有任何障碍了。

有一次，爸爸妈妈的朋友请我们在吉隆坡的一家很有名的海鲜餐厅吃饭，为我们服务的服务生是一个印度小伙子，肤色有点儿黑，从我们开始入座，服务生一直都在用英语和我们交流，但是当我们吃饭吃到一半的时候，他突然改用非常标准的普通话和我们说话，我们当即吃了一惊，很好奇他是如何学得一口流利的普通话的。交谈之后才知道，他其实是一个混血儿，他爸爸是华人，妈妈是印度人，他从小就开始学习中文了。

还有一次，一个周五的下午，妈妈坐出租车到学校接我回家，妈妈说她用蹩脚的英语已经和司机说好了，接了我以后再返回出发的地方。可是接到我之后妈妈临时改变了主意，想去离家不远的地方买榴莲，等到目的地要付款的时候发现司机会说中文，司机是马来人，却用中文说车费是多少……也许是因为华人和日本人、韩国人比较相像，所以本地人如果不能确定我们是哪里人的时候，他们不会主动用中文和我们交流，毕竟中文不是他们的母语，用起来不会像母语那样得心应手，而当他们听到我们说中文的时候，就有可能用中文和我们交流。

经过这几次的经历，我们达成了一个共识：在马来西亚千万不要用中文说别人不好，更不要用英文说别人不好，被人听懂那会很尴尬的。

马来西亚公立学校也会安排华文课程，只是有点像中国小学安排的英文课程一样，不是很重要。在马来西亚，人们习惯把中文称为华文，把普通话称为华语。后来我们了解到，越来越多年轻的马来人夫妇把孩子送进华文小学，所以他们孩子的中文可以讲的很流利。

看来的确是这样的，语言学习需要环境，需要从小开始练习。不过，虽然马来西亚这个国家的人每个人都会说几种语言，但是可能都不是很精通，比如华人对华文的理解和运用，往往不如我们国内的人那么深刻和精准，这可能是因为人的精力和时间有限的原因。

文化的包容性

马来西亚文化的包容性和多元化，从我刚来的时候就给了我比较深刻的印象。

单从马来西亚的公共假期上看，华人的传统新年，放假的不只是华人，印度人的屠妖节和马来人的开斋节也是如此，都是全国统一放假，这是典型的文化包容，这里面包含着对各种族文化的尊重。

在民间，种族之间的融合也表现在方方面面。在多民族国家，不同的种族通婚应该是很自然的现象，而通婚带来的不同生活习惯和文化的融合形成了马来西亚非常有特色的娘惹文化。娘惹文化是马来人和华人通婚而形成的一种文化，美食中的娘惹菜也是很有名。

在饮食方面，除了娘惹菜，我发现不论是别有风味的马来餐还是看上去传统的中餐，抑或是西餐，都有一种你中有我、我中有你的感觉。这让我比较困扰，总感觉吃的中餐有股马来味，西餐也是一样。

马来西亚文化的包容性还体现在宗教信仰方面。马来西亚的官方宗教是伊斯兰教，但是多种宗教信仰并存，比如佛教、道教、基督教、印度教，等等。在马来西亚，教堂、庙宇等宗教场所随处可见。

一场听不懂的华语电影

我们刚来的那一年，恰逢周星驰导演的新片《美人鱼》上映，我就和妈妈商议着找时间去看看。之前因为担心其他电影没有中文字幕，我们可能会看不懂，所以一直都没有去电影院看过电影，现在既然有中国的电影在这里放映，岂有不看之理?

我记得那天是在吉隆坡双子塔下面的Suria KLCC 商场，我和妈妈在电影院门口看到《美人鱼》正在上映，就买了票，买票的时候妈妈还特意问了一下是不是华语，售票员说是，我们也就没担心语言的问题，想着终于可以体验一回看电影的感觉了，心里还有一些小高兴。

等到影片开始，我们才发现，电影的确是华语的，但却是粤语，而且没有中文字幕，只有英文和马来文字幕。我们对粤语一窍不通，几乎听不懂里面人物在说什么，只能尝试着理解屏幕上的英文字幕。这一场电影看下来，反倒感觉电影里的那几段英文亲切多了……

我和妈妈苦笑着走出电影院，第一次真切体会到我们其实连中文都没有完全学会，我们只是懂普通话而已。

但是我们一家人敢于去尝试，所以后来还是会去看电影，但是就不管什么语言了，只关注影片的内容，看过几次以后发现，在马来西亚看电影，根本不用担心语言的问题，因为这里的电影都会有两种字幕，英文电影有中文和马来文字幕，马来语电影有英文和中文字幕，这是我们原来完全没有想到的。

我家附近的商场里就有一家电影院，因为离的很近，步行也就七八分钟，所以周末的时候如果有好电影，我们就会去看一场电影。电影票不算贵，一张票 15 马币，最贵的也没超过 20 马币。我们在这里看电影比在国内方便多了，不用开车跑很远的路，走着就去了。

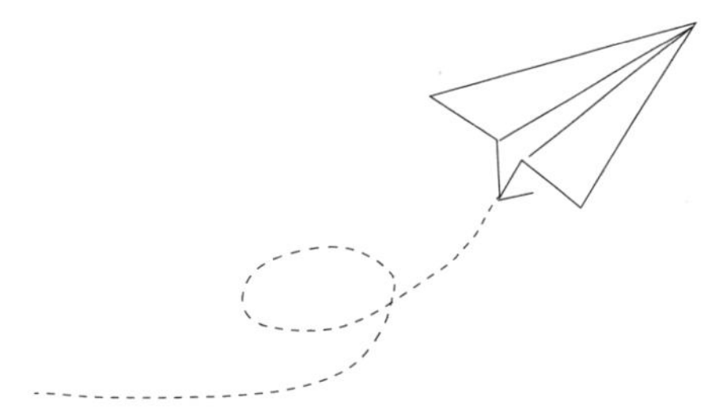

教育与学习篇

入学考试

在我上英语补习班的时候，爸爸妈妈趁着这个时间去找国际学校，虽然已经委托了中介公司，但爸爸妈妈还是没有闲着，他们说这样会比较快一些。

因为在赛城住的时候，把周边的几个城市都转了一遍，还是觉得像赛城和布城这样的新城市环境规划得不错，所以就把范围锁定在赛城和布城，在赛城和布城分别找到了一间国际学校，但是赛城那间学校不能寄宿，布城这间Nexus International School Malaysia 可以住校，比较符合我们家的情况，所以就重点了解了这间学校。

这间国际学校当时是为各国驻马来西亚大使的子女准备的，学校坐落在布城的使馆区，规模不大，但是环境非常优美，最多可容纳 700 名学生，从幼儿园开始，一直到高中。

这间国际学校一学年分三个学期，我们刚来的时候正好是第二个学期的期末，原本是打算过了暑假再上学的，那样就是从某个年级的第一个学期开始上课，而我可以用这段时间多补习一下英语。但是爸爸妈妈在这边认识的一个朋友却说，与其在外面补习英语，不如早一点入学，因为入学后的英文环境更有针对性，英语进步得更快。非常巧的是我爸爸的一个马来西亚学生的干女儿也要上这所学校，就帮着我们一起申请了入学考试。

这里的入学考试不是考死记硬背的知识，有电脑上的考试项目，也有笔试和面试，主要是考察一个学生的逻辑能力、反应能力，还有心态，并不一定需要多高的英语水平，当然如果英语原来学的就很好当然更好，因为那样一开始上课的时候就不会很吃力。

我入学考试通过了，然后就在爸爸妈妈跟前小小的炫耀了一番。你们知道我要上几年级吗？七年级的最后一个学期。跟国内相比，我直接跳了一级呢！我在国内是小学六年级还没毕业，按说延续下来的话我应该上小学六年级，但是这里的国际学校是根据你的年龄安排你上几年级的，就这样，我虽然晚上了一年学，但在这里给补回来了，想到自己可以比我那些同学早一年毕业，心里还有一点窃喜。

但是这种窃喜没有持续多久，就被现实打破了，因为高二（十一年级）以后，我必须参加一种叫“国际高中文凭课程”的学习，比如IB 或A-level，这需要两年的时间，我就又回到了原点。

我们这样上课

Nexus 国际学校以苹果电脑为媒介授课，几乎没有纸质的课本，我们学生上课的时候都需要带着自己的笔记本电脑，而且必须是苹果笔记本电脑。而布置作业、做作业、上交作业都在线上完成，上课所学的资料也都是线上的，我们使用的是谷歌的线上系统：谷歌课堂（Google Classroom）。

我在国内上小学的时候，基本没玩过电脑，来到这里以后，一切都要从头学起，不过原来没有玩过电脑也有一个好处，就是不需要有意识地放弃原来的习惯。

国际学校的课程设置和国内不一样，比如七年级是把物理、化学和生物合并在一起，成为一门课：科学（Science），除了像美术课、音乐课和体育课这样的课程，还多了一门戏剧课（Drama）。

比较人性化的是，这里的数学课和科学课会根据学生对课程的理解和掌握程度分成三个不同的班，分别是beginning、developing 和mastering，让程度相近的学生分在一个班，学习进度会比较一致，也不会出现有学生跟不上的情况。学得快、理解得深的学生将会以更快的进度学习下一个单元，而在这方面不是很擅长的或者理解没有那么快的学生可以根据自己的能力情况选择班级进行学习，但必须跟上进度。这样可以避免学生对自己不擅长的科目产生抵触情绪。

我们的上课方式跟国内也不一样。这里不是老师到我们的教室来，而是我们到各自老师的教室去，因为我们虽然是同一个班的同学，但是我们上的课程难易程度不一样，所以有时候一到上课的时候我们就分开了，特别是数学课和科学课，这样我们就可能会认识其他班的但是上同样课程的同学。

我们的课程表做得色彩斑斓，课程安排和国内也有所不同，通常像科学、数学这样的课会连上两节，也就是八十分钟。这样做既方便老师把知识教给我们，也方便我们把老师讲的内容消化吸收。而一些不需要很长时间讨论的课程，通常就是一节课四十分钟。但是上了高年级以后就都是两节课合在一起了。

这里上课不是学生一直听老师不停地讲，而是老师会启发学生先自己搜索资料，相互讨论，然后学生有问题提问，老师解答。老师的作用是把知识串联起来，帮助我们排疑解难。当然，两节课连着上的时候也是有课间休息的。从另一方面来看，两节课连着上也可以避免我们一整天光走来走去换教室了。

我们中学部每天下午 3 点 10 分就放学了。放学后学校会有各种课外活动，我们简称为CCA（Co-curricular Activities）。CCA 的内容很丰富，学生完全可以根据自己的兴趣去选择，把自己的课余时间填得满满的。游泳、烘焙、篮球、跑步、读书会、做志愿，学校并没有规定所有学生一定要参加这些课外活动，但是在学校住宿的学生一定要选择两项活动，当然有些活动是免费的，有些是收费的。这些丰富的课外活动不仅培养了我们的爱好，锻炼了我们的意志力，也让我们不至于因为寄宿而想家或者觉得生活单调无聊。

另外，学校还提供了各种乐器课，像钢琴、提琴、架子鼓，现在还增加了竖琴课，当然这些课是要付费的，但是价格并不贵。我就报名上了钢琴课，一入学我就报了名，把自己在国内扔下的钢琴学习又拾起来了。这让妈妈感到很开心，我在国内厌恶的钢琴，出国以后竟然主动开始上课了。我自己也很惊讶，自己现在居然喜欢上弹钢琴了，当然只是当作一个业余爱好而已，妈妈对我也没什么要求，我也没有给自己太大压力。

怎么过语言关

刚入学时，我最大的担心还是语言上的问题，虽说我在国内和入学之前的一段时间都补习过英语，但是毕竟英文不是我的母语，要在短时间内掌握到可以听课的水平并没有那么容易。所以等到入了学，上课的时候，我听不太懂老师在说什么，有时候连日常的沟通都有一点小麻烦。这应该是所有英语非母语的孩子共同的问题。

为此，学校为我们开设了特别的英语课程，把英语母语和非母语的同学分开上课，有专门的老师可以专注在我们身上，我们也不会因为和英语为母语同学的差距而感到焦虑，而英语为母语的同学可以继续深造自己的语言学习，他们可以去关注语言的美和深度等。

我们学校还为我们提供了其他的语言课程选修，比如西班牙语、汉语、马来语，等等。一般情况下，除了必修的英语课，我们还可以任意选择两门其它的语言课，但是刚入学那段时间我们会把主要精力放在学英语上，当老师觉得我们的英语水平OK 的时候，我们就能去上别的语言课了。我后来选修了汉语和马来语，之所以选修汉语，是因为汉语虽然是我的母语，但是我在小学的时候就出国了，对中文的理解还不够深厚，所以还需要不间断的学习。而选择学习马来语的原因，是因为在这里生活，掌握一些基本的本地语言会让自己的生活更加方便，现在我都可以用简单的马来语点餐了。

刚来那会儿，有一个教我们英语的女老师特别热情，有时候她会到宿舍和我们一起吃午餐，和我们聊天，好让我们多用英语，有一次她竟然偷偷地给我们开小灶——请我们吃冰淇凌，这让我印象很深刻，至今记忆犹新。要掌握一门语言，很关键的一点就是要多说。

因为我是在七年级的第三学期入学的，所以在课堂上只要讲到第一和第二学期的知识点，我基本上都是一脸懵，尤其是人文课和科学课上的那些专业词汇，我就像听天书一样。好在国际学校并没有国内那种期末考试，所以上课的时候，虽然我有一半听不懂，但也不会感觉有多大的压力。知道哪里听不懂，课下会及时补上。

作为一个来自中国的学生，在数学课上自然表现不错，毕竟数字是共通的嘛，只不过一到应用题我就无能为力了，因为要用英文去阅读理解题意。

回想自己出国这几年，一路走来，我觉得自己算是很幸运的那一类人，因为在马来西亚，我身边会有不少马来西亚的华人同学，也有很多比我来得早的中国学生，所以我身边总有可以帮我翻译的同学，因此我没有感到无助，也没有产生和学校教学衔接不上的感觉，而且也没有产生挫败感和焦虑。

但是，我也非常清楚，我需要走出舒适圈，不能把英语不好当作我一直向别人求助的借口，这对我未来的学习是很不利的。我知道，随着课程难度的加深，对英语的要求也会更高，我必须尽快扔掉拐棍儿独立学习。所以那一年暑假我猛补了一下英文和科学，把七年级的科学课程串了一遍，这样有针对性的补习，对我后来的学习非常有帮助。

再开学的时候，我告诉自己，不能把自己封闭在华人同学的圈子里，我必须走出去和更多的同学一起活动和交谈，这样我才能提高自己的英文水平，让自己适应并完全融入学校的英文环境，当然，我还是会在生活中向周围的同学不断请教。

我说自己很幸运，还有一个原因是马来西亚这边的人的性格基本上都是那种不温不火的类型，即便我一直不停地问他们问题，他们也不会着急，还是会很耐心地给你讲解。

第一次作曲

刚开学的时候，给我印象最深的是音乐课。

我原本以为这边的音乐课不会与国内的有太大差异，结果上第一节课时，老师就让我们自己作曲，我整个人都呆住了，我完全没有想到事情会朝这个方向发展，其实是因为我去的时候已经是最后一个学期了，之前的内容他们都已经学过了，所以老师就开始让学生们编曲了。即便如此，我当时还是很震惊，可以说颠覆了我的认知，毕竟在国内的时候，编曲这个事我连想都没有想过，更别提尝试了，但既然都要求编曲了，我也只好跟着做咯。

因为之前学过钢琴，所以我对五线谱和基本的乐理还是有所了解的，结果一尝试就找到感觉了。因为是第一次尝试作曲，也没有学过怎么作曲，所以最初我并不知道要做什么类型的音乐，只是随便放了几个音符，然后凭感觉把下一个音符标出来，就这么一点点地、很随便地做出来一段旋律。有了旋律之后就简单了，我重复着刚才的方式，凭感觉找音符，前几个小节做出来之后，后面的部分再重复或变化，一首曲子就出来了。听起来还不错，老师也说很好。我真的没有想到，我就这样做出来了一首曲子。

这件事给我了很大的信心，我从来没有想过要编曲，如果在国内，我可能一辈子也不会编一次曲，恐怕连尝试都不会，但是我现在却成功地做出来了。这给了我很大的触动，其实很多事情只要尝试去做，都会有各种收获，之所以我们不敢去尝试，是因为我们潜意识里对自己的判断束缚了自己的行为，而当我们一旦尝试，便会发现更多的可能性。而束缚孩子们创造力的还有父母、老师、学校、社会，因为这个社会，尤其在中国，大人给大人、大人给孩子都划了很多框框，做了很多定义，所以很多人其实都是在既定的模式中走完了自己的一生。

我很庆幸，知道了自己可以谱曲，知道了看上去不可能的事情也都可以成为可能，我觉得这件事情对我的影响不仅仅是知道了自己在音乐方面的潜力，更多的是让我感受到了一种对待未知事物的态度。

虽然通过这种音乐课让我对编曲产生了浓厚的兴趣，也发现了自己在这方面的潜力，但是和美术相比，我还是更喜欢美术，所以选课的时候还是选择了美术，但是艺术是相通的，对音乐的理解也会给我的美术带来一定的帮助。而我的一个好朋友Jeffrey 则是因为这样的经历而喜欢上了编曲，并且开始学钢琴，后来选课的时候他也顺理成章地选择了音乐科技（Music Technology）。

老师怎么教课

听姐姐讲过，在国外上课和国内不一样，所以我知道这边国际学校的教育方式应该也不同于国内，但是当我真正踏进这所学校后，我才了解了那种不同，对我还是有些冲击的。

我的第一感觉就是，我们上课都不怎么学习的吗？课上老师不会讲很多，不像国内那样一讲就是讲一节课，而是让我们做各种游戏和活动。这里的老师基本上就在课程开始和结束的时候讲一讲，课程中间会给我们稍作总结，其余的时间都让学生自己去探索并完成任务。上各类科学课的时候，我们每节课都会在做实验上花时间，然后我们自己得出结论，往往连获取知识的方式也是让学生自己去探索。

当我们需要学习一些新的术语时，老师特别喜欢给我们一大张纸，上面写着那个单词，让我们头脑风暴，把任何可以想到的内容用思维导图的形式写下来；有的时候如果要了解的关键词很多，老师会把关键词和定义分开，再做成卡片，让我们自己找对应的卡片；有的时候老师想累累我们，就把定义贴得到处都是，让我们自己在教室和走廊里寻找并记下来。我们这个年龄的孩子都好动，所以这种方式很容易让我们掌握关键的知识点。

我记得有一堂人文课，我们要学习文明、城市和人口这些概念，老师给我们布置的一个功课是自己搭建一座城市。有的人用纸板，有的人用黏土，还有的人干脆直接用沙盒游戏Minecraft 来搭建。

还有一堂课，老师想让我们了解并比较世界各国的人口、平均寿命等数据，就把一个有各种数据的网站发给我们，让我们自己选择感兴趣的国家，再将这个国家的数据制作成图表。这堂课我最喜欢的一个活动是，老师让我们选几个国家自制六张王牌（Trump Card），其中需要有人口数量、人口增长率、死亡率、出生率和预期寿命的数据。而游戏规则是这样的：每人可以从自己的牌里面抽一张，轮到自己的时候可以选择一项数据比大小。比方说，我抽到了中国，我可以选择比人口数量，比谁的大，而其他人则需要亮出手上的牌，数据最大的人可以把所有人的牌收走，最后看谁手上的牌多，谁就赢了。我选的基本上都是在好几个方面排名很靠前的国家，而且做功课的时候我还顺便了解了一下其他国家，所以我对各国的数据都有点概念，因此，好几次我都赢得盆满钵满。

那个时候，我经常觉得我们上课就是在玩，但是现在回过头去看，我们就是用这种方式学会了怎么查找资料，怎么筛选资料，怎么发散思维，怎么利用外物……了解了各种获取知识的方式，学会了思考。

当然上课的方式也和年级有一定的关系。初中时上课比较偏向横向发展，老师在讲授一定的知识后，会让我们自己去体验和探索，提供机会给我们发掘自己的兴趣和能力。而国内的教学则在某一个主题上学得特别深。到了高中，老师上课讲的就比初中的时候多了很多，因为高中的知识点比初中多了很多，也难了很多，但也不是全部灌输给我们，而是通过启发式讲解的方式，先让我们理解，然后再通过实践去掌握。到这个时候就会体会到初中学会的那些技能有多重要了。

考试成绩

中国的学生从上学开始就有各种各样的考试，老师和家长都很重视考试成绩，学生自然也希望考出好成绩。但是我到国际学校的第一个学期（七年级的第三个学期），从头到尾都没有考过一次试，到了八年级，考试也很难得。我不禁感叹：这边的学生过得真舒服。

经过这几年的学习，我的感觉是，学校并不打算让学生在初中阶段以深入掌握知识为主，而是以培养和锻炼我们的学习能力为主，所以课上自然轻松很多。

虽然没有国内那样的考试，但是老师也需要确认学生在学习。他们检测学生是否在学习的方式让我眼前一亮：原来是这样！

当我们开始学习一个主题的时候，老师会给我们安排各种项目和活动做。老师并不会把所有的信息都给我们，这就需要我们自己去搜索与主题相关的资料并做出总结。如果英文不好、词汇量不够，这个过程就有些痛苦了，但这也是快速学习英语的一种方式。

这样经过几节课后，我们对这个主题已经有了大致的了解，老师会根据情况，让我们把与主题相关的知识用视频、幻灯片、海报等形式展示出来；我们也可以选择用几种不同的形式来展示同一个主题，像视频、幻灯片和海报，每种形式我都做过不下十个作品；有的时候，老师也会规定我们必须要做幻灯片来展示。

我在八年级的时候学会了如何制作定格动画，我还曾用绘画的形式来完成作业。

在学习火山的种类和形成的时候，我把自己手绘各种火山示意图的过程用缩时摄影的方式录下来，介绍火山的文稿则由同学后期配音。这一次的作业，还是很惊艳的，收获了同学们很多惊讶的眼神和赞叹的声音。也就是在做这些视频的过程中，我发现自己对剪辑还颇有兴趣。

后来我发现自己最擅长也最喜欢的其实是做视频和用电脑做海报。我以前从来都没有接触过这些，甚至连想都没有想过，但是因为要完成课程作业，我竟然在不经意中学会了编辑视频和制作电子信息图等，而且做得还不错。这对我来说十分震撼，因为之前我对这一切都没有什么概念，而且在我印象里，拍视频特别复杂，根本不可能是我能做得了的。

我记得刚来的时候，面对作业要求，我真的是一脸懵，不知所措，而其他同学却一脸淡定，习以为常。我当时有点不理解，以为自己天生不如他们，但是经过一段时间的锻炼，我也可以像他们一样淡定，甚至每当要接触一件新的、自己不会或者不懂的方法或者事情的时候，还会有一点兴奋。这可能就是一种综合能力的培养，我们就在这样的一种潜移默化中慢慢发现，没有什么事情可以难到没有办法解决的程度。

虽然我们没有那么多的考试，但是每个学期末，老师都会给我们做一份学习报告，发送给家长，这份学习报告是根据我们在课堂上的表现和作业的完成情况做出来的，报告的评价很中肯，和我们对自己的评价基本上没有太大的差距。

能力就这样练出来了

我们学校的课程安排遵循英国的课程体系。我对这些课程的安排，刚开始的时候并不是很理解，除了可以在课堂上玩得很开心又没有考试以外，偶尔也疑惑：这样的学习行吗？能学到知识吗？但是几年下来却发现这样的课程安排原来很有道理。

我们初中上的课，选修课不多，大部分都是必修课，而到了高中，我们需要自己选择课程。初中的有些课程到了高中就没有了，那些课程就是初中那个阶段我们需要了解的常识一类的知识，所以学校不让我们专注在考试上，而是通过各种活动让我们尝试新的事物、培养实践的能力以及思考问题的能力，等到我们到了高中才开始深入学习知识和专注在成绩上。我现在已经升入高中，明显感受到高中阶段课程的深入和复杂。

后来，老师在课堂上给我们讲解了什么是“transferable skills”，直接翻译过来就是可转移的技能，也就是能够应用在各个领域的技能，比如领导能力、团队合作的能力、创造力和解决问题的能力等，我才明白了我们那种上课方式到底是在干什么，原来就是为了培养我们的这些能力，才没有让我们去单纯地完成关于知识的作业，而是通过留给我们各种各样的项目或者活动，不仅让我们学会了知识，更重要的是还让我们学会了各种技能。

有时候，我们上课需要走班，就是一门课程分三种不同的难易程度，一个年级的同学根据自己的水平重新选择班级上课，这是一种临时的班级；平时我们也有固定的班级形式，就像国内的班级一样，我们称其为行政班级，每个行政班级里也会有一个班主任老师，班主任老师也会给我们上课，他们主要负责凝聚班级力量，辅导学生社会观、价值观的形成。我的班主任老师曾经说过的一段话让我印象特别深。

我们虽然考试不多，但也不是没有考试，而且随着年级越高，考试也越难。班主任老师看到很多同学因为担心自己成绩不好而忧虑，便对我们说："你们知道你们和别的学校的学生相比，最大的优势是什么吗？如果我现在叫你们到台上做一个幻灯片去展示，或者叫你们做任何你们没有接触过的东西，你们都能很轻松地做到。这就是你们最大的优势，这是一种综合能力，这个能力是最重要的。"

是的，有时候我们需要考试成绩，但是更多的时候，我们需要的是一种综合能力。在所有的技能中，我觉得对我影响最大的其实是查资料的能力，而这往往是我们所经常忽略的。大部分的学科都有需要我们自己搜素资料的时候，老师们其实很清楚，在网络这么发达的情况下，任何信息和知识都可以通过网络取得，如果老师只是一个单纯输出知识的角色，他们存在的必要性自然就低了，所以他们都是在充当一个引导学生的角色，教导学生自己获取正确的知识，并且可以判断资料的可靠性。

拥有大量的知识固然十分重要，但是懂得如何运用线上庞大的资源也是相当重要的。我们在搜索资料的过程中，练习的就是如何获取新知识，并为自己所用。我们的老师们也说，在未来，学校里所学的知识是远远不够用的，甚至是过时的，未来比拼的其实就是学习能力和接受新事物的能力了。

标准还是思考

国内教育常常被人诟病的一点就是标准答案，我也在国内标准答案的教育下熏陶了五年半的时间。虽然现在已经接受了两年多国际学校的教育，却还是没有完全摆脱标准答案教育给我造成的思维定势。

英文课上，分析文学作品的时候，我会下意识地担心我的理解会不会是错的，写论文的时候也担心万一我写的和标准答案不同怎么办。然而在这里完全没有所谓的标准答案，老师打分的标准是看你对作品语言的理解程度如何，看你分析得是否合理，有没有足够的证据支持你的观点。

中文课上，做阅读理解时，我也会下意识地去想标准答案是什么，几个来自中国的同学曾经调侃地搬出多年来总结出的公式："运用了……的手法，形象生动地体现出了作者的……之情"。看来这种思维定势不只是我一个人存在的障碍。在国际学校的中文课上，当问题是问"你的想法"时，它是真的在问你的想法——你自己的想法，只要你的想法没有跑题，和问题相关且合理并有根据就一定会得分。

上人文课的时候，无论什么样的议题，老师都不会只提供给我们单方面的信息，而是会要求我们自己搜索相关的资料，并且正反双方或者多方的观点和根据都要理解，然后再作出自己的判断。像大公司雇佣童工这样的议题，我们还模拟了一场法庭辩论，一方为大公司，一方为人权组织，这样做让我们能更完整地了解事件双方的观点和立场的全貌。

我们在学习一战后的“凡尔赛条约”时，老师也没有直接告诉我们任何结论，而是将整个事件发生的历史背景介绍给我们，还让我们各自代表不同的国家尝试重现签订条约的现场，从而理解各国行为背后的动机，让我们自己得出结论。

九年级的时候，我们开始花时间去研究一些议题，然后选择自己感兴趣的议题做进一步研究，最后写论文。老师对我们提出的要求是，不论我们对这个议题的看法是赞成还是反对，都一定要把两方的观点写出来，而且我们还要确定参考的网站是可靠的，并将其标注在论文内容中。

关于如何验证资料的可靠性，老师还专门给我们讲过几节课，这样的课内容肯定很枯燥，不如做各种活动来劲，所以我们当时听得都想睡觉，但是现在回头想想，这些课还是很有用的。现在网络上的内容鱼龙混杂，真假难辨，也有人故意混淆视听，所以学会辨别哪些信息是不可靠的真的很重要，否则就很容易根据错误和虚假的信息作出错误的判断。

这些经历让我们更倾向于辩证地看待问题，从多个角度分析问题，拥有独立总结和思考问题的能力，这样就不容易被极端的言论煽动。

标准答案教育直接给了学生结论，能让学生快速地掌握知识，节省了学生自己获取知识的时间，避免了他们走弯路，看上去是一种快速成才的好方式，可是这种做法跳过了让学生思考、总结的过程，浪费了锻炼他们思考能力的机会。社会之所以会发展，就是因为人们不同的思想和见解在碰撞下不断创新，带来了社会各个领域的突破。如果连思想都统一了，人类还怎么创新、进步呢？

学习的自由度

在我们学校，不但有很多尝试新事物的机会，而且学习的自由度也很高。

初中时我们可以选择两门除英文以外的语言课，到了高中可以选择一门语言课和其他两门科目主修，如经济或传媒等。初中时除了语言课我们可以根据自己的喜好和需要选择以外，其他课程没有主修和选修之分，学校已经给我们安排了固定的课程，但是课上学习的具体内容有时候是我们可以决定的，除了那些一定要掌握的内容外，在很多情况下，我们可以选择自己感兴趣的内容或者课题来学习或研究。

我记得八年级的时候，在人文课上，我们要学习“帝国”的概念及其相关历史。我当时就有点慌，中国学校学中国历史，美国学校学美国历史，我们是国际学校，学什么呢？总不能直接学世界历史吧。如果是那样的话，我们要做多少功课啊！结果老师给我们介绍了几个比较经典的帝国，如罗马帝国、大英帝国，还有中国古代的帝国，这让我感到如释重负。更让我惊喜的是，我们可以选择自己感兴趣的帝国去研究，并不一定都要学，我毫无疑问地选择了中国。

同样是八年级，上科学课的时候，老师突然对我们说，之后我们会有一段时间可以研究任何我们感兴趣的事，只要它与科学有关系就行。在学期即将结束的时候，年级里将举办一个展览会，每个学生都要展示自己的研究成果，同时还要参观别人的成果。

九年级的时候，在人文课上，我们有好几次机会可以选择自己感兴趣的课题做一个独立的研究。课题要具有争议性，比方说像“堕胎应不应该被允许”一类的议题。我们需要从很多团体的角度来分析这个问题，最后总结并阐述自己的观点。这样的课题研究当然需要写论文，同时我们还需要做视频或海报。

对于这些有争议的课题，我们这个年龄的学生可能不会作出多么正确的结论，但因为话题本身具有争议，所以结论是什么其实并不重要，重要的是通过这些议题，我们可以早早地接触如何做判断和如何决定自己的选择方向。这对于培养学生的决策能力和判断能力是一个很好的锻炼。

高中可以选科目以后，我发现一些科目的期末考试也给了学生做选择的空间，比如美术和媒体，学美术的可以选择以摄影为主，也可以选择电绘或设计，不一定要考素描、水彩画这些纯美术的东西。而学媒体的最终提交的考核作品既可以是杂志，也可以是电影。总之，学生可以选择的余地有很多，可以走的道路也比较宽。虽然之前已经感受到了选择的自由，但这种连考试都可以选择的自由还是让我比较意外。

我不知道国内的学生和家长是否能够理解这些，因为国内的教育方式和我现在接受的这种教育方式是完全相反的。在国内，无论是学生还是家长，走的都是一条规定好的路线，一样的课本，一样的难易，一样的答案，在考上大学前所有人都要朝一个方向发展。这种教育方式下走出来的学生，知识水平的确非常高，各个科目都学得很深很精，这方面我是真的自愧不如。但是在能力和兴趣的培养方面，我非常有自信。

在我们小的时候，的确有必要对各个领域都有一定的了解，但是并不需要对这些领域钻研得有多深。小时候是我们对自然、对世界、对社会广撒网的时候，是去发现自己的兴趣和爱好，发现自己的特长，而不是花很多精力去深挖所有的知识。而且，我们小时候的智力也比较单纯，所以让所有人深入地学习同样的课程有些浪费青春，也浪费了太多的优质资源。

有时候我也会和妈妈交流，妈妈说，很多知识在未来都会渐渐地被遗忘，常识性的知识知道了通常不会忘，那些只有搞深入研究才用得到的知识就很容易被遗忘。

我妈妈就是这样，凡是生活中用不到的知识基本上都忘了，因为我发现当我请教她物理、化学和生物方面的问题时，她往往都是听我讲完后摇摇头说记不清了。其实我妈妈上学的时候绝对是一个优秀学生。

在国际学校自律很重要

一次我和妈妈探讨我们学校的教育，我给她讲了很多我在学校里面的经历，之后我们都不禁感叹：这里的学校生活真的很轻松，很人性化。但我表示，这样轻松的方式也并非适合所有人，因为在这里，学习很大程度要靠学生自己，课上的很多活动都需要我们自己去做，很多知识也需要自己上网搜索。

虽然当学生需要老师帮助的时候，老师会特别热情地提供帮助，但是老师们认为学习一直都是学生自己的事，并不会像国内的老师那样主动督促，更不会咄咄逼人地催学生。有的学生自控力不好，在这样的环境里过于放松，一看没什么人监督，课上课下做的项目就偷工减料，只顾着自己玩去了。这样到了高年级就会特别尴尬：之前本应培养出来的能力并没有培养好，知识积累得也不够，等需要用到那些能力进行更深入学习的时候，他们不得不花更多的时间去努力，但那时已经丧失了培养自身能力的环境。

国际学校的教育很个性化也很灵活，这很吸引人，但并不适合所有人，它有一定的弊端，学生必须能自主、自律学习，对于那些自律性不强的学生，国内那种偏强硬的教育方式更适合他们。

一对一的家长会

我们学校也会开家长会，只不过跟我们国内学校的家长会很不一样。

在国内开家长会的时候，孩子都不用参加。但是家长会的时间很长，我记得每次开家长会，妈妈都要到下午才能回来。

妈妈说，在国内开家长会的时候，家长都会坐在自己孩子的座位上，桌子上放着自家孩子的作业。家长像学生一样先听校长在大喇叭里讲话，然后再听各个科目的老师讲，一上午就这样过去了。家长听到的基本都是每门课的大致进度和学习中存在的问题，每个孩子的具体情况极少能听到，除非特别突出的好或不好，会在家长会上被点名。如果家长希望了解自己孩子的具体学习情况，需要家长会结束以后单独询问，通常就是一堆家长围在班主任身边等着询问，所以我妈说她从来就没有单独咨询过。我对我妈开玩笑说："那是因为我太优秀了，你根本就不需要担心我的学习。"我妈就回敬我说："那是啊，因为你是我儿子啊。"

我们学校的家长会是老师单独和每一个家长、学生谈，这里的家长会简称PTLC，全称"家长老师学生会谈"（Parent Teacher Learner Conversation）。

我们和每一位老师的会谈时间有十分钟。在家长会开始两周前，学生和家长要一起在网上的预约时间表上预约时间，可以只预约想了解的科目的老师，也可以全部预约。但是家长会也不一定要让家长参加，像我们寄宿的学生，如果父母不能参加，可以邀请管理宿舍的老师（宿舍家长）代为参加，我每次都会参加，并且把所有科目都走一遍，听听老师的评价和建议。我妈妈只在我十年级的最后一个学期参加了一次我的家长会，让她感慨良多。

家长会那一天，教课的老师会在固定的几个教室里等待家长和学生，我们则根据自己预约的时间去找相应的老师。学生和家长一起倾听老师的谈话，老师一般都会先简单阐述一下教学进度，然后会针对学生的情况和家长谈学生近期的表现，哪些做得好，哪些做得不好，接下来该注意什么，以后如何提升，等等。

这样的家长会需要老师对每一个学生都有比较细致的了解，不然怎么给家长和学生谈呢？我有点同情老师，因为每个老师的文件夹里都有他们每个学生的资料。幸亏国际学校都是小班，每个班都只有20个学生左右，工作量不会太大。我很喜欢这样的家长会，因为每一个老师都会使劲夸赞和鼓励学生，而且上初中时的家长会当天是不用上课的，即使是工作日。当然老师也会直接讲学生不足的地方，学生只有知道自己的不足之处才有可能进步。

妈妈参加的这次家长会，美术老师就给我提出了我在一次作业中出现的问题，这个问题我老早就跟妈妈唠叨过，所以她也不觉得有什么奇怪，反倒觉得老师说得很中肯，接着老师又提醒我，有不明白的地方要及时问她，并且要多掌握一些既能很好完成作业又能节省时间的技能。

有趣的中文课

我们学校语言课的选择是比较丰富的，有汉语、马来语、西班牙语、韩语、法语，等等。学校要求我们在初中的时候必须选择除英语以外的两门语言课。

我选择了马来语和汉语。在马来西亚生活和学习，学一点本地语言是有必要的，这样会方便一些。之所以选择汉语，是因为我小学还差一个学期毕业就出国了，汉语的功底应该还不够扎实，想要巩固汉语的根基并保持一种连贯性的学习，不至于对自己的母语掌握得半生不熟。

在国际学校，上课时候的气氛基本上是比较愉悦的，我们这个年龄的孩子很喜欢这种上课的方式。我们的中文课更是活跃，因为班里有几个像我这样语文功底还不错的孩子，我们几个又都喜欢搞事情，所以我们班大概是整个学校有史以来最吵的一个中文班了，而我们的中文老师Alex竟然也觉得活跃一点挺好的，他很享受这种吵吵闹闹的氛围，他说我们写作文时的那种安静让他感到毛骨悚然，所以还是热闹一点比较好。我们和中文老师简直是一拍即合，当然了，即使是吵闹，也不是没有底线的，不然就不好玩了。

有一次我们上课的时候，学一篇谈论爱情的现代诗《致橡树》，老师给我们解释里面的内容和讲自己的体会的时候，我们都十分怀疑老师是不是已经找到了真爱，随即就起哄问老师是不是已经得到了爱情的滋润，不然怎么能如此绘声绘色地教我们爱情诗呢。老师并不回答我们，只是很神秘地笑着让我们猜。哈哈，都是年轻人，我们也懂哟。

后来，我们每隔一段时间就会冷不丁地问老师是不是遇到了真爱，或者以各种方式去套他的话，最后老师都害羞了，也是怕了我们，他半开玩笑地说，以后再也不敢教我们有关爱情的诗了，不然什么信息都被我们套出来了，他感觉自己太没有安全感了。

虽然我们的母语是汉语，但是写作文的时候还是有些发怵，因为要按照要求认真地完成一篇作文真的挺费脑筋的，所以如果有机会，我们一定会搞点儿事情。而我们搞的这些事情让我们非常难忘。

有一次中文课，我们的中文老师要和其他学校的老师开会，就给我们布置了两篇作文，分别是《最难忘的旅游》和《影响你最深的朋友》。他去开会，安排了一个代课老师过来维持课堂秩序。

天底下的孩子应该都一样，好动，喜欢偷懒。我们不愿意整节课都在写作文，有同学提议说：让一个人先写，写好了给我们发过来。这个提议当即遭到众人的反对：总不能每个人都写得一模一样吧，难道连去旅游的地方也一样吗？

大家正在一筹莫展之际，我突然灵机一动，提议道："干脆我们所有人一起写《最难忘的旅游》吧。一人只写一句话，后面的人接着前面人的话写下去。"到底是同龄人，所有人都来了兴趣，计划直接被全班通过了。

为了让这个游戏更好玩一点，我要求同学之间不要沟通剧情，就让它自然地发展下去，看看最后会出来个什么故事。我们把故事的地点设定在非洲，而具体的国家是在电影《黑豹》中出现的虚拟国家"瓦干达"。

我们全班同学的《最难忘的旅游》就这么在Google Docs上开始了。虽然故事发生的地点"瓦干达"带着一份很神秘的色彩，但我们的游记在一开始的时候，文风和内容看上去还像正常的游记。渐渐地，我们都放开了想象的空间，故事也就变得神秘而奇怪起来了。

因为要塑造一种所有人都在旅游的感觉，所以我们商量要尽量提到所有人，这就让很多人有了趁机"黑"一下对方的机会，比方说让对方在故事中做蠢事、当垫背的、犯花痴，等等。有的时候我们看着故事情节的发展忍不住大笑，而代课老师因为不懂中文，所以一脸迷茫，不知道我们为什么笑得那么夸张。

当最后一名同学把故事收尾，我们就把文档发给了老师，让他看看我们的"杰作"。听老师后来讲，那个时候他正在分享我们中文课的学习方式和我们做过的一些特殊活动，其他学校的中文老师听我们老师说我们的中文都很好，他们不怎么相信，结果老师刚好看到我们发过去的这篇作文，当场就打开来看，把现场几十个老师都逗乐了，我们的老师也哭笑不得。我们后来和老师开玩笑，是不是本想吹一下自己的学生，结果学生写了这么一篇无厘头的文章。老师说，其他学校的中文老师很羡慕他有我们这些调皮捣蛋的学生……

我们全班的杰作《最难忘的旅游》原文如下：

去年放假时，我们前往非洲的瓦干达度假村。

在酒店落脚后，我们看见了清澈如玉的大海和金黄色的沙滩。

放下行李后，我们前往非洲著名的鹿岛。我们乘坐巴士去那边，在路上我们有说有笑的。很快我们就过去了。

我们下了车，映进我们眼里的是一片碧蓝的大海。看！大海！我们望着一浪高过一浪的浪花。蔡一豪一看，就像疯了似的冲到海里，连衣服都没来得及换，我们拦都拦不住。远处水天相接，一只雄鹰穿过大片大片的云层。严梓萌见了，立即大声叫起来："看！大鸟！老鹰！"只见严梓萌兴奋不已，当场就飙起了女高音，把我们吓得不轻，等晚上回去后才发现，原来她误食了迷魂菇。于是我们把她丢在了酒店里，继续去进行我们的活动。

我们在酒店外附近的丛林里举办了一场篝火晚会。马郦恩把事先买好了的棉花糖、鸡翅和别的材料插在树枝上一起烤，结果却引来了一群非洲食人族。他们一个个体型壮硕，身手矫健，像发了疯似的一齐往我们这边冲来。看见如此场景，马琪凯提出一个主意："反正逃也是逃不过，不如我们把马郦恩丢在这里吸引火力，然后我们趁机逃跑……啊！"还没说完，马郦恩狠狠地掐了马琪凯一下，然后喊道："你怎么可以这样？为什么不是杨文浩啊？"（杨文浩发来一个大大的疑惑表情图片）

最终，我们全部都决定把余宗渊丢去当牺牲品，连余宗渊他自己都认同了。就在全部人丢下不知所措的余宗渊时，突然一个非常矮的穿着黑色紧身衣的神秘人跳出来保护了余宗渊。杨文浩看了看，大吼一声，反向非洲人跑去。屈身一跳，跳到黑人群中。就在杨文浩跳入黑人群中的一瞬间，张耀丹表现出了花痴的样子说道："好帅啊！"

突然，一只猛犸象从地底冲了出来，文浩被象鼻挂住，被甩了出去，宛如人造卫星坠落，最后掉到了郑晨宇和邱家煦的身上，险些砸到了叶嘉蒨。"Wakanda Forever！"原来，穿着黑色紧身衣的人是翟俊雄，"天哪！你就是传说中的布拉克·潘瑟（Black Panther）！"白乙然尖叫道，吓得安榆漩当场昏迷。

突然间，闹钟响了，把安榆漩、白乙然、严梓萌、张耀丹、马琪凯、马郦恩、郑晨宇、邱家煦、余宗渊、杨文浩、蔡一豪、叶嘉蒨、翟俊雄都吓醒了。原来，这是一场梦中的旅行。

全文到此结束，这篇文章真的成了我最难忘的记忆之一。

除了这篇文章的创作，还有一件非常有意思的事情让我难忘。

曾经在YouTube上看过一个小游戏，就是在一段时间里不可以说“你我他”这三个字，说了这三个字中任何一个字的人就要接受惩罚。有一次体育课上我和几个好朋友觉得无聊的时候玩过这个游戏，觉得如果在中文课上全班一起玩肯定也会很有意思。

还是因为要写一篇作文，老师要求我们写一篇不低于800字的作文，我们觉得字数太多了，但是又不能硬生生地让老师减字数，我们几个好朋友就想玩这个“你我他”游戏，通过设计游戏规则争取到减字数的机会。我们设计的游戏规则是：当老师说出“你我他”的时候所有人的作文字数下限减少5个字，而学生说了的话自己的作文字数下限加5个字。

同学们表示同意是意料之中的事，既能玩游戏又有减作文字数的可能，当然喜欢玩了，而老师居然也同意了。为了玩这个游戏，大家也都上了心，上课之前还有一堆同学向老师请教有哪些词可以代替“你我他”，老师很认真地跟同学们普及了有哪些称呼可以相互替代，等等。

我们也很认真地在白板上腾出一块空间，专门记录谁讲了多少次“你我他”，只要有人听到，听到的人就可以直接记录下来。老师一开始对自己还是很有信心的，可是上课后话一说多，就情不自禁地把“你我他”讲了出来，引来全班同学的喝彩。我就提议同学们多问老师问题，诱导老师多说。现在想想，年少轻狂的时候为了少写几个字也真是拼了。

同学们为了代替“你我他”，各种各样奇怪的称呼都蹦出来了，像“吾、汝、尔”等古代称呼还比较正常，像“老夫、朕、哀家、小女子”这些称呼就让人浮想联翩了。而我全程用“臣妾”自称，基本上我一说话，全班人都笑得停不下来。别人一找我说话，我就喊：“臣妾做不到啊！”结果把他们逗得前仰后合的。而我旁边一个叫CY的男生，看上去挺有男人味的，却总以“人家”自称，以至于全程就像在撒娇一样，强烈的反差让我们笑得前仰后合。

更可笑的是，大部分人被别人指出讲了“你我他”之后就会想要辩解，然后一着急辩解就忘了哪些字不可以说，反而说得更多，像“我哪里有说”“我没有讲他啊”这种情况频频出现。

因为“你我他”这三个字在我们的日常交流中是高频词，所以我们每个人全程都提心吊胆的，生怕一不小心就说了出去。但是习惯并不那么容易改，也不是所有人都反应迅速，还是有同学讲了四十多次，到最后直接破罐子破摔，放弃了。而我们的老师也在我们的诱导下说了很多个“你我他”，给我们减了一百多个字；当然也有同学不但没减，还多加了一二百字。但是并没有人因为要多写而心生不满，大概这就是我们这一代人的特点：愿赌服输。

其实，这次游戏热闹的背后是我们对中华文化的一次深度体验和把握。在异国他乡，中文课也可以上得这么丰富多彩，我们挺开心的。

关爱自闭症儿童

有先天缺陷的学生在学校里一般都很不容易，最常见的就是自闭症。我们学校对这个话题非常关注，我们甚至花了一个月的时间专注于对自闭症进行了解。

我们学校每年都会组织不少公益活动。关于自闭症，我们主要资助了一间咖啡馆，因为这间咖啡馆中的职员都是有自闭症的青年。

这间咖啡馆的创始人也来我们学校做过关于自闭症的演讲。他告诉我们，他的儿子有自闭症，这让他非常头疼。他说他曾经一度以为是他儿子捣蛋，后来就把它当作一种病症，直到一次晚餐后，他儿子看到他在刷碗，也有样学样地刷了起来，他突然意识到自己可能一直以来都是错的。

他儿子刷碗这件事启发了他，让他办了这间咖啡馆，为跟他儿子有同样情况的青年提供就业机会，让他们能够自立，然后自信。虽然现在的社会很发达，但是自闭症患者仍然缺少理解、帮助和机会。他的故事还被拍成了一个公益广告，我们都看过，非常感人。

我们学校不仅接收自闭症儿童，而且对自闭症儿童也很照顾。因为他们无法适应学校中主流的课程，而且很多情况下他们可能连生活都无法自理，所以学校里有专门的部门为他们提供专门的课程。可能也是为了培养他们的社交能力，有些课他们和我们一起上，比如美术、音乐等艺术类的科目和体育课。每一个患有自闭症的学生在和我们一起上课的时候，身边都会有一个专门的老师，以便及时给予他们帮助。

我似乎天生对这样的同学有吸引力，和我们一起上课的一个自闭症同学就特别喜欢找我，不知道是不是我小学的经历造就了我这样的特质。

我们班其他同学也喜欢闹腾，就说我们两个现在是最好的朋友，而那位自闭症老兄似乎也当真了，很开心，搞得我哭笑不得，当然我也会尽可能地对他保持友善。

我们学校有几个这样的高年级同学，他们虽然有的时候行为举止看上去有些僵硬和奇怪，但他们在日常生活方面基本上已经没有什么问题了，并且也可以和其他的老师和学生交流，他们甚至还完成了我们学校组织的冒险活动IA 呢。

不得不说，我们学校在这方面给他们提供了很好的环境和机会，据说我们学校也是马来西亚第一所这样做的学校。每当想到这些，我总会想起我小学时的那个同桌，他其实跟我们学校的这些学生相比，心智和行为举止方面要好很多，和正常人的状态也接近很多，但是他没有找到一个能够帮助到他的环境，还被迫要跟着主流的课程路线走，而且上的还是全市排名第一的小学，而我个人也没有能力帮到他，都是一样大的孩子，我又能做什么呢？

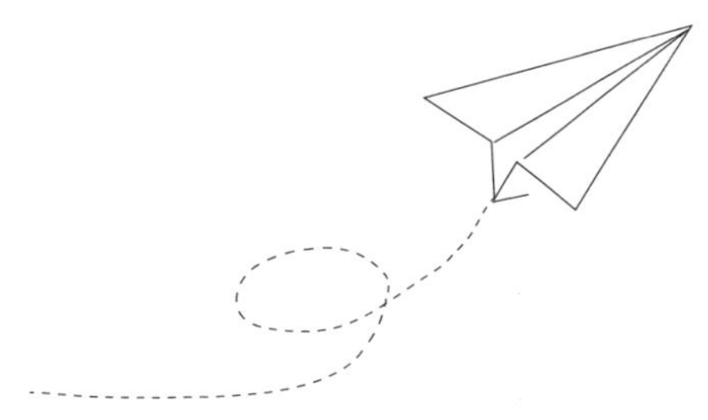

寄宿生活篇

我们的宿舍

因为爸爸妈妈还需要在国内工作，不可能长期在马来西亚居住，所以我们经过讨论决定，我需要去读能寄宿的国际学校。

Nexus 国际学校可以寄宿，我们就过来考察、参观了一下，感觉学校还不错，宿舍给我的第一印象也很不错。可能是因为我对宿舍没什么概念，只是军训的时候和同学们住过几天集体宿舍，对宿舍的印象只有简陋和狭小。所以当我看到这里的宿舍有那么大的空间时，一下子就有点向往了。

我并不知道离开父母住在学校会是一种什么状态，可能是初生牛犊不怕虎，也可能男孩子情感没有那么腻歪，我并没有什么特别的感觉，相反地，只是一种对新生活的向往。当我入住以后，也的确没有让我感到失望。

我们国内说的一楼在马来西亚称作Ground Floor，简称GF。我们的宿舍一楼（GF）是我们的公共活动空间，一进门是宿舍家长（老师）们的办公室和服务前台，剩下的空间都是我们这些住宿生的公共空间，相当于一个大家庭的客厅和餐厅。在一个靠近墙角的位置，有一个开放式的厨房，如果谁觉得学校统一提供的饭不好吃或者有事耽搁了吃饭，或者嘴馋了，都可以在这里自己做饭吃，不过愿意单独做饭的大多是女生，男生都觉得麻烦。大厅里有冰箱，有水果，还有饮料。我们随时可以去吃水果，喝饮料。

大厅里有一台很大的电视，电视机前摆放着几个懒人沙发，就是那种里面装满颗粒，人一坐上去就会陷在里面的沙发，我第一次见到这种沙发。

大厅里靠窗边的地方有台球桌、乒乓球桌和桌上足球。除了乒乓球之外，我对其余的都感到非常新奇，没想到宿舍里还有这么多的娱乐设施，可有的玩了。后来我很快就学会了打台球，闲暇的时候我们就会打打乒乓球和台球。再后来，习惯了这些娱乐设施的存在，我不再感到新奇，玩的次数也越来越少了。也许人都有这样一个毛病：越是没有，就越是好奇，越想要拥有；而一旦拥有，就习以为常了，甚至会淡忘。

大厅中间摆放的则是沙发和桌椅，平时我们就在这里吃饭，做作业，谈天说地，宿舍大家长（宿舍家长们的领导）也会在这里给我们开会，这里是一个很好的召集场所。大厅靠边的地方有两个单独的房间，一个房间用于学习和讨论，有的同学也可以申请在那里上家教课。另一个房间更大一点，偏向于休闲和学习相结合，房间里有两架电子钢琴，有桌椅和沙发，墙上还挂着一张白板，旁边的书柜里有很多桌面游戏和拼图。

宿舍里的每一个楼层都有一个很大的公共活动空间，除了一堆懒人沙发和足够多的桌椅以外，还有一台电视、一台冰箱。我们可以把从家里带的或者从商场买的好吃好喝的放在冰箱里，不用担心天气炎热坏掉，但是有一点不好的就是，男孩子宿舍的冰箱，放在里面的东西经常会被大家伙一起分着吃了，一点都不见外。

我们的房间可以放下四张床。房间里有双层床和单层床，但是双层床不是上下铺都可以睡人，而是上面是床，下面是书桌，所以即便房间里都是双层床，一个房间也只能住下四个人。我们的宿舍每一个房间的人数从一个人到四个人不等，通常刚入校的低年级学生宿舍人数会多一点，几个人一个房间，而高年级的学生可以选择一个人或两个人的房间。

宿舍里的卫生间和浴室是整个楼层共用的。因为马来西亚天气比较热，室外活动很容易出汗，所以浴室的使用频率非常高，比如我们可能参加完课外活动就会去冲个澡，再下楼吃饭，晚上睡觉之前再冲个澡，早晨起床也会去冲个澡。这里阳光极好，太阳能热水器可以在这里大展身手。

总之，宿舍的总体氛围还是挺舒适和放松的，毕竟空间蛮大，也有不少娱乐设施。宿舍就是为我们这种父母不能过来居住陪读的孩子准备的，所以周末我们也可以留在宿舍，不用回家，宿舍家长们会为我们安排各种活动。

周五晚上基本上都会带我们去夜市或者学校附近的商场购物。逛夜市的时候我们就是买各种好吃的、好喝的，夜市上好吃好喝的东西太多了，而且也都不贵。因为经常去夜市，所以跟爸爸妈妈一起去的时候我就可以给他们推荐那些好吃的。夜市就在离首相府广场很近的一个空地上，每周开放两天。因为离我们家也很近，所以我们也会经常去逛夜市。

每周六会安排各种不同的活动，比如到游乐场玩、逛公园、做水上运动、玩密室逃脱，等等。我们也会被安排去参观博物馆这样的地方，这对我们这些好动的孩子来讲比较无聊，而去这些地方多是带着些许教育目的的活动。也许老师也希望我们不能光傻玩，还要潜移默化地学一点东西。

星期天的活动则比较固定，就是去商场。

宿舍里的这些活动，让我们几乎走遍了吉隆坡有名的商场、游乐场和公园，如果不是因为寄宿的缘故，可能我还不会去这么多的地方。

因为宿舍里提供洗衣服务（费用包含在住宿费里），所以不需要担心换洗衣服的问题。当然偶尔也会出现拿去洗的衣服有去无回的情况，可能是送错房间了。不是所有学生都对自己的衣服很上心，尤其是款式差不多的衣服，所以有时候能找到，有时候就找不到。因为都是夏天穿的衣服，都比较便宜，实在找不到的话也就算了。刚开始的时候我们还会在衣服上缝上学号，便于工作人员分发，也便于我们自己辨认，但是后来大多数人都嫌麻烦，这也是偶尔会找不到衣服的原因。但是这种情况极少。

周末丰富的活动以及学校里丰富的娱乐和运动设施，让我们这些离开父母的孩子并没有感到孤单寂寞，相反，学校里的充实有时让我们更喜欢待在学校，而当我们回到家里，可能更多时候是一个人打发自己的课余时间，因为和父母相处，多多少少都会有一些代沟存在，不同频。

寄宿生活感受

开学前一天的下午，父母把我送到宿舍，我收拾好东西后，他们就走了。

虽然这个环境里充满了未知的事物，我也是第一次住宿舍，但是面对全新的生活环境和生活方式，我没有感到多么不舍得和害怕，内心反而是平静的。在很多事情没做之前我们往往会想东想西，并且会有各种担心，而一旦真正开始去做，就会发现不像之前所担心的那样。

我有三个室友：一个叫Alyff 的马来人，一个叫KC 的中文不太好的华人，还有一个来自中国厦门的同学Jeffrey。Jeffrey 在那个学期一直给我充当翻译的角色，那时我的英语水平不够好，幸亏有Jeffrey 的帮忙。这一点学校做得相当不错，英语非母语国家的孩子刚入学的时候，学校都会安排一个老师跟堂听课，随时帮助这些学生，同时也会给他们安排一个帮助他们提高的同学，我想Jeffrey 应该就是学校特意给我安排的。我们俩在同一个班、同一个宿舍，都来自中国，我来的时候他已经在这里学习一年多了。

刚来的时候由于语言的关系，我和另外两个室友并不怎么熟，所以晚上很多时候都是他们两个聊天，然后各种玩闹，而我和Jeffrey 就在旁边看戏，后来时间久了，自然也都成了很好的朋友。

低年级的学生，学业压力没有那么大，每天都能玩得很开心，有时候在公共空间玩嗨了，闹来闹去声音就大了，这时总会有一个高年级学生一脸疲惫地从房间里走出来，让我们小声点。当时不理解，觉得自己也没吵，就是声音大了一点而已，直到后来自己也升入高年级，有些低年级学生在外面吵，而我们要集中精力学习，才领会当初他们的感觉。

和宿舍家长们斗智

在网络时代，一点不受网络的诱惑是不可能的，除非零接触。

对于我们这些半大孩子来说，要能抵御网络的诱惑和影响，实在不是一件容易的事情。我们忙于课业的时候可能无暇顾及，可是晚上完成作业以后到睡觉之前，我们就有大把的时间可以在网络的世界里遨游了。自律性比较差的孩子，甚至可能熬通宵。

大人管孩子，有的是方法，为人师长的更有方法，因为那是他们的责任，没有方法也得学几套方法。虽然国际学校的老师不会主动督促你去学习，但是属于他们的职责，他们一点儿也不含糊，比如控制我们上网的时间以保证我们的睡眠时间。

我刚入校的时候，我们这些寄宿的孩子只需要在睡前把电脑放到楼下那个专门收纳电脑的推车里就行了，但是大概一年以后就变成要交出所有的电子设备了，肯定是有人晚上偷看手机被发现了。

这个政策一出台，我们都不愿意，但又没有恰当的理由可以反驳，也只好认了。但是孩子们的天性让我们不甘心做乖宝宝，所以就出现了大人们口中常说的“上有政策，下有对策”。现在想想，我们着实有点儿淘气了，不过本心都不坏。

也许老师没有想到我们可能会有多部手机，所以老师只是要求我们把手机交出来，并没有要求把所有手机都交出来，所以有的人就交一部假手机或者不是主要使用的手机，有的人发现老师并不是每个人都检查，就抱有侥幸心理有时候不交。

我手上有三部手机，都是淘汰下来的旧手机，但都可以用，我交出其中一部，另一部借给我的马来人室友，留下了我们自己常用的真手机。后来马来人室友买了一部新手机，就不再用我的“假”手机了。我的另一个室友因为在出台政策之前就没有手机，所以老师也没管他，后来他有了自己的第一部手机，还继续装作没有手机的样子。

我们就这样瞒天过海，一直相安无事。这样的情况维持了差不多两个学期，直到有一天晚上熄灯时，宿舍大家长给我们关了灯以后，并没有把门完全关上，而是站在门外扶着门把手，似乎在等待着什么。我的马来人室友以为他走了，就把手机拿了出来，恰恰就在那个时候有人拨打他的电话，他的手机开始发亮和震动，结果大家长就推门进来了，让他把手机交出来。我们一下子就傻眼了，面面相觑，室友只好乖乖地把手机交给了大家长。

我们完全没有想到老师会在这个时候检查手机，因为马上要放长假了，没有必要那么严格，而且居然那么巧，有人在这个时候给舍友打电话！舍友手机被查，我们反倒精神起来，完全没了睡意，开始讨论起这个事情。比如我们都怀疑那个电话是大家长打的，但是大家长怎么会知道他有两部手机呢？是我们自己走漏风声了，还是大家长发现什么端倪了？或者是被人举报了？我们分析了各种可能性，一致认为今后要加倍小心。

果不其然，几天后，大家长又来到我们房间，他一进来就问我有没有第二部手机，我很自然地回答：“如果我有的话，现在就不会和我的室友聊天了。”我的回答简直是一种诡辩，我的表演天赋也在这里起了作用。他有些怀疑地看着我，然后低头在他的手机上拨号，这下我们就确认了前几天室友的手机的确是他拨打的。

我当时把手机藏在枕头套里，所以我稍微往前坐了一点，以防手机被拨打时看到光亮。就在老师盯着手机看的时候，我眼角的余光瞟到枕头底下的一丝光亮，于是我慢慢把身子往后仰，把腰靠在枕头上，又用两个手肘压在上面，他往我这个方向看了一会儿，见没什么反应就走了。

吓了我一身冷汗。虽然有惊无险，可以松口气了，却总感觉他好像仍然存有一丝怀疑，或者说他其实已经确定我在作弊，但是苦于没有找到证据，只能作罢。他们还是比较尊重我们的隐私的，不会直接上手去搜，只是在用智慧寻找我们的破绽。

到此时，我们这个“藏匿”窝点，已经有一个成员“牺牲”了，我又被列为重点怀疑对象，看来是“凶多吉少”了。而我的处境也有一点尴尬：如果我把真手机交出去，老师马上就会发现我之前一直在作弊；如果我继续用“假”手机，万一老师再来个突然袭击，我很有可能会“中枪”。这让我有些进退两难，毕竟第二次检查就是冲着我来的。我想在老师跟前表现得像以前一样，所以还不想在短时间内把真手机交出去，以免被老师发现，毁坏我的好学生形象。没办法，我只能硬着头皮，撑到放假，新学期开始再换手机就不会引起怀疑了。这种和老师捉迷藏的游戏，有点儿刺激，也着实让我们体验了一把人一旦开始“犯罪”就很难停下来了的感觉。也许这个经历会对我们今后的人生有一点启发吧。

第二天早上，我下楼吃饭的时候，发现大家长的办公桌上摆了满满一排的手机，真的很壮观，看来那天晚上被抓的人还真不少。这样看来，我是何等的幸运啊！

后来大家长一个一个地找那些被抓到的人谈话。我的马来人室友给我说，有人跟大家长讲，我们房间里有人拿两部手机。果然有人“举报”！一定是有人说出了我的名字，不然第二次大家长也不会直接来检查我。后来，我们一直在猜那个人是谁，但是一直也没有结论……其实我们也没有想一定要找出那个人，只是有时候出于好奇，开一下脑洞罢了。

到了新学期，马来人室友就不住宿舍了，我们宿舍就只剩下我和那个老师不知道他有手机的室友了。我们本来以为老师彻查过一次以后，会放松一段时间，事实也的确如此，那么就不会再有人被老师逮到，结果我的室友还是被“逮到”了。原因挺意外的，但是意外背后的规律并不意外。

因为我的室友在老师那里的状态是没有手机，所以他一直也不上交手机，而且除了我之外谁都不知道他有手机……怎么会被“逮到”呢？

原来是因为在马来西亚大选期间，他的父母不知道为什么会担心他的安全，就给他发信息确认，刚好那个时候他在做别的事情没有带手机，所以一直没有回复信息；打电话给他，当然也没人接电话了。这下他的父母就越发担心了，索性直接给大家长打电话，确认他是否安全，自然地，他有手机这件事就暴露了，以后也只能乖乖地上交手机了。

至此，我们这个“藏匿”团伙中只剩下我一个“幸存者”了，如果我继续下去，未来我可能付出的代价将是很大的。因为虽然我一直以来都是好学生的形象，而且前几次检查也没有被发现作弊，这让我给他们留下了更好的印象，但是如果之后我被大家长发现作弊，我相信场面会非常尴尬。

为了避免这种尴尬，我决定放弃作弊，好好做个名副其实的好学生。

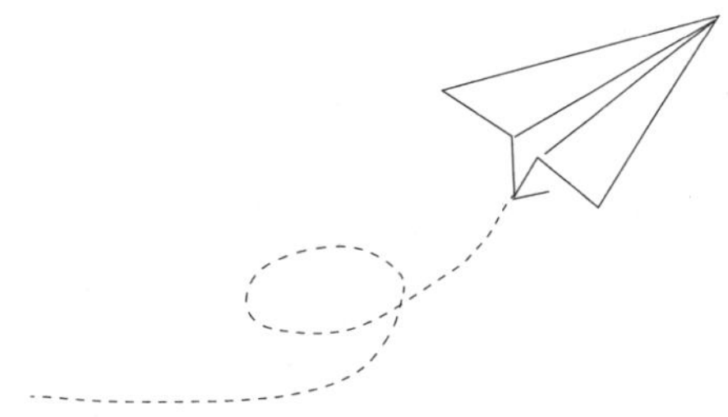

活动篇

意外发现自己跑步还不错

起初我并不知道自己长跑比较好，而且我对跑步也没什么感情，直到有一次学校里组织的一个活动。我们虽然是去跑步，但这个活动其实是慈善性质的，目的是通过这次活动募集到一些钱，再捐给一个机构，而那个机构能够为在自然灾害中需要帮助的人建造临时的庇护所，让他们能够生存下去。

全程三公里，我们学校的所有学生都参加了。虽然不是什么真正的跑步比赛，但我还是尽全力去跑，结果跑了一会儿，我就发现我周围的人越来越少。之前我从未跑过这么长的距离，也不知道跑了多远，只是感觉我把后面的人甩得远远的。

我当时并不懂这种长距离应该怎么跑，所以大概跑到一半的时候就开始感觉累了，也是跑跑停停，虽然比较累但还是很快跑到了终点，结果到了终点之后，发现我们年级的人居然一个都没有到，又过了好一会儿，才有几个人跑到了终点。这件事给了我一定的信心，原来我长跑也不错啊，后来我就经常练习长跑，也逐渐产生了兴趣。

下一个学期，我报了一个跑步的CCA，CCA有点类似于国内的课后兴趣班。参加跑步CCA一段时间以后，我渐渐找到了感觉，而且我也是这个跑步CCA里面比较能跑的一个，有了比较以后，我更有信心了。

第一次参加校内运动会作弊了

八年级第二个学期的时候，学校组织了运动会，我的参赛项目都是中长距离的跑步项目：400 米、800 米和 1500 米。

我们学校的运动会不是以班级为单位进行比赛的，而是把班级打乱，组建了四个队伍，以方向和颜色命名自己的队伍，比如我所在的队伍就叫West Wolves-Green，我们这些运动员是代表各自所在的队伍去参加比赛的。

在运动会开始前的一段时间，我并不紧张，反倒很期待，因为我在小学时代只参加过一次运动会，那还是一年级的一个集体项目——接力跑，现在才是我第一次参加个人项目的比赛。

虽然是第一次参加比赛，但是我并没有想过输赢的问题，只想着尽力去跑。因为自己对跑步比较感兴趣，也感觉自己有一点实力，总是要尝试去做一些自己没有做过的事情，所以心态也很放松。但是轮到我上场时，在等待的那段时间里，我一下子就变得紧张起来，心情也比较忐忑。

我们男生跑步项目的比赛时间安排在上午十一点，那个时间段就比较热了，所以不知道是因为紧张还是热的缘故，当我站到起跑线上的时候，竟然感觉浑身无力。不过，起跑后渐渐地就不紧张了，也逐渐进入了状态。

最先参加的项目是 1500 米，才跑完前两圈，我就比大部分的人快了将近半圈，整个过程比我想象的要轻松不少，并没有那么激烈，最后我拿到了这个项目的金牌。后面的 800 米也拿到了金牌。

按照我的速度和耐力，400 米比赛我应该也能拿冠军。但是这中间出了一点小状况，其他队有一个男同学，他把所有的跑步项目都报了，而这一次运动会也是他在我们学校参加的最后一次运动会了。然而，800 米和 1500 米两个项目结束以后，他一个奖牌也没有拿到，因为他的爆发力还可以，所以他和他的朋友们都希望他能在 400 米的比赛中夺冠，结果他们听说我也报了 400 米，几乎陷入了绝望。后来他们找到我，跟我说明了这个情况，希望我们队派其他人参加比赛，让他拿一个奖牌，给他留一个纪念。我就跟所有参加 400 米比赛的同学讲了这件事，提议让那个同学一直在我们前面跑，让他赢一次金牌，结果所有参加比赛的同学都表示同意。比赛结果自然是那个同学赢了金牌，而我只拿了铜牌。比赛的过程想想都很好笑，我们一堆人挤在一起，没有任何竞争地跑完了 400 米。我们的 400 米比赛作弊了，不为别的，只是出于一种男孩子的义气。

这次运动会结束后，只要一提到长跑，我们年级的人都会想到我，毕竟算是压倒性的胜利了。

参加全国的国际学校运动会

我第一次参加的校内运动会一方面是为了活跃学校的气氛，另一方面也是为了选拔参加校外运动会的运动员。因为我们学校将会举行两场与其他国际学校的比赛，我们年级有几个同学都是第一次经历国际学校间的比赛，而且在校内运动会上拿到奖牌后自信心明显膨胀，所以我们就对此非常期待。

我们参加的第一场国际学校运动会比赛，简称ISAC。当我们来到赛场，看到布置好的场地和赛道，跟我们学校的都不是一个档次的，我们就有些紧张了。再后来发现参加比赛的学校有十来个，一眼望去是一大堆白人和黑人，个个人高马大的。单从身高和块头来看，我在这些人面前简直成了小学生，看到这些，我开始发慌了。

学校给我安排的比赛项目有一点问题，只有 1500 米这一个项目。来参赛前老师还给我讲，只要能拿到奖牌就行，我虽然很紧张，但毕竟自信心刚刚膨胀过，心想：好歹我也在我们年级里拿了第一，拿个奖牌应该也不是什么大问题，肯定能进前三。

结果起跑后不是我比别人快半圈，而是别人比我快半圈。等我跑完了，我简直被吓到了，根本无法想象他们是怎么跑这么快的。我想之前我是自动忽略了一个事实：我是我们学校的第一，而他们也是他们学校的第一啊。这可能就是因为我不了解对手而妄自尊大了。虽然没有拿到奖牌，但也不是完败，因为我还没有跑到最后几名，这让我心里感到一点安慰。

不过，这次比赛也让我清楚地认识到自己的实力，毕竟几个月前我才刚开始接触跑步，太业余了，自然没法跟别人比。也让我看到了差距，而这个差距几乎是不可能赶上的——我没有那么长的大长腿啊。

我爸爸曾经给我定下一个目标，要我体育项目一定要拿个第一，不仅仅是校内的第一。现在看来，这个目标是不大可能实现了。当我把这次参加国际学校运动会的经历讲给他听以后，他似乎也很无奈，安慰我道："没事儿，这个不怨你，不是你不努力，你爹腿就短……"从那儿以后他就不再提让我拿第一的事儿了。

第二次校内运动会我自发组织了一下队伍

九年级的时候，我又参加了学校的运动会。

这一次运动会，我小小地发挥了一下自己的组织能力。

因为我非常想让我们的队伍赢，所以我一直在关注我们这一队的比赛项目是否报全了。我不想因为项目没报满而失分，因为比赛的规则之一是只要参与了项目，即使没有得奖牌，最少也能得一分，所以我不希望我们队的比赛项目有空缺。我先把男生这边的比赛项目安排妥当，然后过问女生那边的比赛项目是否报全。结果我发现她们那边很多比赛项目还空着，为了填满所有的比赛项目，我一个一个地说服她们，好在很多女生只是不大自信或者不大喜欢，我就晓之以理动之以情，软硬兼施，最后总算把所有的比赛项目都报上了名。我这么做的结果是给我们队赚了十多分……

对于我个人的比赛项目，参加这次运动会反倒比我参加第一次运动会的时候要紧张，提前好几天就开始紧张了。我担心的是在我所擅长的项目上莫名其妙被别人赢了，这大概就是人们常说的为名所累吧。第一次的时候一切都是零，而这一次，在跑步项目上，我在学校内部已经小有名气，我就对自己有了预期，而且我也被别人当成要超越的标杆……

第一场 1500 米比赛前，他们对我说，这次一定要超过我，拿到第一，这是他们的目标。这对我无疑是一种挑战，也给我造成了一定的心理压力。只是有点好笑，他们并没有足够的实力，因为比赛一开始，我就发现这一次比上一次要轻松许多，到达终点的时候，我几乎比他们快一圈。看来有些时候即使自己没有实力，也可以在气势上先压一下别人。而我通过这件事也意识到，不要轻易怀疑自己，更不要为名所累。

像我们这么大的孩子，争强好胜是必然的，高调挑衅也很正常。虽然 1500 米比赛我甩了他们将近一圈，但是到了 800 米的时候，他们还是不忘夸一下口，说虽然超不过我，但是会跟上我，结果他们彻底服气了。到了 400 米比赛的时候，他们说能拿个奖牌就好了。

我这次运动会的总体表现比上一次好，不仅拿到了三块金牌，还打破了学校的跑步纪录，但是我很清楚自己先天的身体条件，所以也只是把跑步当作一种兴趣爱好，把运动当作一种生活方式。

24–Hour Run

在马来西亚，相对大一点的慈善机构经常会组织一些比较有趣的活动，吸引更多的人参与活动，并将活动中筹到的钱拿去做慈善，或者为捐钱的人举办一些活动。比较常见的是与运动有关的活动，跑步是其中最为普遍的一种。

有一个叫作 24–Hour Run 的活动，我们学校每年都会参加。这个活动的目的是通过募捐的形式，提高人们对人口贩卖的关注度，希望能进一步阻止人口贩卖行为。因为 24 小时都在跑步，所以这个活动的参与者主要是学生。活动的规则是八个人结成一组，就像接力赛跑步一样，但是每一段的距离比平常的接力赛要远，我第一次参加的这个活动，活动场地在爱普森学院（Epsom College），每一段接力的距离是 800 米，然后这样不停息地跑 24 个小时。

参加这个活动是有条件的，每组学生一定要自行募捐到一定的数目后，才可以参加。募捐的最低标准，根据情况从一千到两千马币不等，活动结束时会评选出募捐最多的队伍和跑的最远的队伍。老师说上一次活动有一个组募捐到了一万多马币，超厉害！我们募捐的钱并不是直接张嘴跟别人讨来的，而是通过行动赚来的，比如我们学校的队伍，先一起做饼干，然后在校内卖，或者卖以 24–Hour Run 为主题的文化衫来赚够一定的钱……

24 小时跑步初听起来有些不可思议，我当时很纳闷，怎样才能做到 24 小时不间断地跑步呢？后来才知道，这个活动的 24 小时是一个小组的八个人通过接力的形式完成的，这样算下来，平均一个人只需要跑三个小时，其他人在跑步的时候，不跑的人就可以休息了。不过，在 24 小时内要跑够三个小时，运动量也是很大的。关键是晚上会睡不好觉，可能睡得正香呢，就被队友给叫醒了。那些参加过的人都表示，跑完后会走不动路，腿还会一直疼好久。我觉得累是必然的，但不会像他们说的那样严重……对于比较喜欢跑步的我来说，这个活动还是有一定诱惑力的，就报名参加了。

这项活动分男队、女队和男女混合队三种比赛队伍，我们学校每种队伍每次基本都能取得第一名或第二名的好成绩。我参加的这次，我们学校的男生有三个队伍参加，根据每个人的跑步实力来分组，我被分在了第二组。比赛开始后，我发现好像只有我们学校的人在很认真地跑，有不少学校的人就是随便跑跑的感觉，所以最后就变成了我们自己学校的队伍在相互竞争。开赛一段时间后，活动主办方广播各组成绩，跑最多的是我们组，第二多的是我们学校的第一组，结果第一组的队长不甘心，想要超越我们，因为他们组的实力强于我们。可是事与愿违，他们组接连有两名组员受伤，后来那个受伤较重的人被替换了下来。

活动是从上午开始的，一直到中午之前的这段时间感觉过得很慢，但是天一黑，时间就像快了两倍一样。直到晚饭之前我都觉得仍有余力，虽然跑的时候也会比较累，但一休息就感觉好了很多，心里想着已经要到一半的时间了，很快就会结束，或许也不会怎么累，然而最难挨的时候正是晚上……

我们是在室外跑，晚上比白天凉爽一些，但是，如果雷雨警报响了，我们就必须转到室内去。这是我们最不希望发生的事情。然而，不希望发生的事情还是发生了——我们接到了雷雨警报。没办法，我们只能转移到体育馆，在里面转着圈跑。体育馆里又闷又热，大晚上的也不开空调，而且一堆人还挤在一起跑，这是非常痛苦的一件事情。

偷懒、作弊这种行为，在任何时候、任何地方都会发生，尤其是在人们极度疲劳的时候。体育馆场地有限，我们一轮接力 800 米，需要绕着体育馆里划好的场地跑八圈。为了记录圈数，每跑完一圈就会有志愿者在接力棒上用白板笔做一个标记，跑完规定的圈数后，让志愿者做好记录，然后把接力棒擦干净，传给下一个人。这给很多人提供了偷懒和作弊的机会，可能因为这是一项公益活动，更多的是靠自觉和自律，所以并不是每一个志愿者都会去检查接力棒上标记的数量。于是很多人就开始动心思了，跑慢一点，只要跑上四五圈让标记的数量看上去很多就可以了，或者拿着接力棒在做记录的志愿者还没有看仔细前就擦掉标记。我们组也因为不想这样被别人超越，所以经过商量，一致同意只能随着他们一起作弊……好在过了一段时间，我们就离开体育馆，又转战到外面搭着防雨棚子的步道上，这样就没有办法作弊了。如果一直在体育馆，一直作弊下去，说不准我们还会打破专业运动员的纪录，那就很有意思了。

来到室外，立马感觉神清气爽，虽然步道还是比较窄，但毕竟在室外，天地宽阔，而且也可以避免作弊。结果一整夜都没有下雨，那个警报也真是莫名其妙。不过，我们因此深切体验了一次天气预报只是一种概率性的预报，不可能 100% 准确，也体验了一下在极端环境下人们内心的懒惰和小“邪恶”，而我也会随波逐流。

可能因为晚上可以睡觉，所以会觉得时间过得快。但是正因为晚上可以睡觉，所以又是最痛苦的时候。我们组的安排是四个人先睡觉，另外四个人接着跑，然后再换过来，这样来回倒替。我发现从这里开始才是最累的，因为如果是四个人接力的话，中间休息的时间就变短了，而且入睡之后身体会“冷”下来，肌肉也放松了，而之前身体一直处于运动的状态，酸痛的感觉不怎么明显，等睡一觉再起来的时候就明显感到全身酸痛，而且也没有太多力气了。

最让我感到不爽的是，每当我睡得正香的时候，都被人叫醒去跑步，跑完后又困又累，刚一进入梦乡，又被人叫醒去跑步，简直是痛苦万分。终于到了早上，虽然那个时候跑一圈就累得快动不了了，但因为比赛很快就结束了，所以总有一种马上要解脱了的感觉，也就一直硬撑着，体验到了靠精神和毅力坚持的力量。

早上阶段性广播比赛成绩的时候，我们组是第二名，第一名就是不甘心落后于我们的第一组，看来他们的实力的确比我们强。当时也不知道是谁在传说，说我们比第三名多十来圈，虽然我们有一点怀疑，却让我们都放松了很多，以至于到最后几分钟的时候，我们还在想有没有必要再跑一圈，幸好最终还是有一个同学去跑了那最后一圈，结果到最终颁奖的时候，发现我们组只比第三名多一圈。跑最后一圈的那个同学激动得不行，多亏他跑了那最后一圈，我们才坐稳了第二名，第一名当然是我们学校的第一组……我们组的最后一圈后来成了我们的一个谈资，也让我意识到，不放弃是多么的可贵。

因为是集体活动，所以我并没有关注自己一共跑了多少圈，后来听说我大概跑了 66 圈，也就是 52.8 公里，不管我跑的实际距离比这个数字多还是少，这个数字都让我很有成就感。

第二年我又参加了这个活动，这一次，我们组拿了第一名。这个活动确实很累，活动结束以后就完全不想动，腿一动就疼……

妈妈问我，既然那么累，为什么还要参加。这个问题把我给问住了，我说，大概是因为自己喜欢跑步吧，而且这是一项公益活动，既能挑战身体的极限，还能用来吹牛……

回国聚会时的孤独感

到马来西亚一年多以后，放暑假的时候回中国，想借着这个机会跟小学的同学们聚一聚。

在小学同学的班级群里，我看不少人也都有意在暑假的时候聚一聚。有几个人一直在讨论，但没有一个人愿意站出来组织活动，都想着让家长去组织。他们就这样聊了好几天，也没有什么结果，我自然看不下去了，提议说，我们都这么大了，也该自己组织活动了。

我决定带头组织这次聚会，结果一开始，就卡在聚会要做些什么活动的问题上了。

毕竟好不容易聚一次，如果不做些有意义的活动，只是见个面，就有一点可惜了。群里有个比较活跃的同学，对聚会还是挺上心的，我就让她建一个群，把班里那些比较有能力、比较靠谱的人拉进群，我们一起讨论、组织活动。结果，她把跟她关系比较近的那几个人都拉进了群，这让我感到无语。我又让她把之前那些在班里成绩靠前的人拉了进来，结果这些人都不是很积极。

当问到要做什么活动时，我得到的答案永远只有两种：那些比较调皮的，就提议去游戏厅、游乐园之类的地方；而那些比较安稳一点的，都说找个地方吃个饭，让家长组织，每个人AA制收费。当我提到我们可以自己组织点有意义的活动时，就没有人再说话了。

我也征求了其他同学的意见，就算不做考虑也要走走形式。结果，得到的结论都一样：不安分的提议玩，安分的提议让家长组织大家吃一顿饭。都说想要聚会，但是意见达不成一致，算上我的意见，算是三种有代表性的典型意见。就这么一拖再拖，久而未决，最后我看时间已经不够用了，也就不再管了，聚会的事自然不了了之。

当我提出要和小学同学聚会的时候，爸爸妈妈是非常支持我的，他们问我有什么计划和安排，也给我提了一些非常中肯的建议，我觉得很好。我是满心欢喜地想要搞成这一次聚会的，但是我没有想到，他们的想法居然如出一辙，要么玩，要么吃，但是要家长安排，这让我感到有点意外。

也许是父母给孩子做的太多了，让孩子养成了依赖父母的习惯。但是我不能理解的是，除了吃和玩以外，为什么他们不知道还有其他什么可做的事情？甚至连一点奢望都没有？是因为平时学业太累没有时间放松，所以放了假就想拼命玩吗？这个我倒是可以理解：越不能得到的东西诱惑力越大，而当这些得不到的东西唾手可得的时候，自然就熟视无睹了。比如我在国内的时候特别想游泳，后来到了马来西亚，看到到处都是露天游泳池的时候，我感到非常兴奋，而且我们学校的游泳池是全天候开放的，只要有三个人一起，就可以去游泳，所以到现在，再见到游泳池，我的心里就非常平静，不再起波澜。

我还发现一个规律，就是越是学习好的同学，对这种活动表现得越不积极。可能他们的兴趣都放在学习上了。绝大多数人愿意参加聚会，更愿意坐享其成，所以喜欢让父母去组织。我不知道这是不是意味着他们没有组织能力，其实我们都已经上初中了，可以几个人一起商量着组织一些有意义的活动，也算是一种锻炼。当然，我并没有把这个聚会组织起来，虽然有孤掌难鸣的原因，但也说明我的组织能力有限，还有待提高。

在Soup Kitchen 做志愿者

九年级的时候要做志愿活动，我们年级关注的是“homelessness”这个社会问题，我们主要参与的活动是对一家机构提供志愿帮助，那是一家叫作“Soup Kitchen”的机构，他们负责向有需求的人们免费发放食物，帮助流浪的人们填饱肚子。

一开始我们只是募集可保存一定时间的食物，像罐头和干意大利面等。为此我们学校还举办了一个比赛活动，要求我们把那些食物拼成跟这个课题有关联的形状，表达一定的寓意，最后看哪一个班做得最好。我们班就用募集来的食物堆砌成一个家的形状。比赛结束后，这些食物都捐给了Soup Kitchen。

过了一段时间，我们都对这个活动有了足够的了解，就开始到Soup Kitchen做志愿者。我们先把桌子、椅子、地板和窗户都擦干净，然后那里的工作人员开始给我们讲解流程和分配工作，一些人负责盛饭，一些人负责收拾桌子、盘子，一些人负责去送茶水，我就是端茶倒水的那个小伙计，有时还担任翻译。事后我们都说那服务已经达到五星级的水准了。

这间Soup Kitchen 的具体位置在哪里，我忘记了，应该是在吉隆坡旁边，可能因为这间Soup Kitchen 所在的地域华人比较多，所以进来吃饭的华人比较多，这让我们班那些听不懂中文的人很是困扰，所以我也会临时充当一下翻译的角色。非常有趣的是，我在这里又看到了不同人种、不同文化所产生的不同行为的现象，华人华语的特色被完全突显出来了。

在我们正式开始工作以前，老师和工作人员都提醒过我们，说来这里吃饭的人可能会很大声讲话，叫我们不要误会，他们并不是在骂我们或者不礼貌。我们几个华人同学一听就笑了，华人讲话声音大，好像在喊，我们早都已经见怪不怪了，但其他国籍的同学并不是很适应。有一个女同学很害怕，因为她听不懂中文，我猜她是听着声音和语气，总感觉跟她说话的老大爷好像在训斥她一样。她向我们求助，我们都快笑傻了，其实那位大爷只是问她在哪里可以接到水……

这一次的经历，让我深有感触，可能是因为文化上的差异，中国人性格上更放得开一些，不拘小节，表现上会让人感觉有点“张牙舞爪”的，但是从总体上来看，中国人不够彬彬有礼甚至有些霸道无礼是真的，但是我觉得这里面有一部分原因来自误解，比如中文说出来的声音给人的感觉是有棱有角的，没有其他语言的那种柔软，这可能与汉字的结构有关。马来西亚华人说话相对来说要比中国大陆的人柔和很多，但是对没有或者极少听过华语的人来说，可能还是要生硬很多。

对于这次做服务生的经历，我们大家的感受和看法基本上都是正面的，一是因为觉得新鲜，很好玩，二是因为也很有意义，可以零距离接触社会最底层的一群人，让我们贴近社会，这种感觉让人踏实，也让我们在潜移默化中或简单或复杂地去思考一些问题。

当我们结束服务，在回学校的路上，我开玩笑地说我们都很享受当服务生的感觉。其实真正让我们享受的，是一种帮助了别人的成就感和满足感。

Sleep out 体验无家可归

到Soup Kitchen 做过服务生后，我们为了模拟体验无家可归的感觉，又做了一个活动：在室外睡觉。我们对这个活动充满了期待。

老师跟我们说，可以将睡袋或纸板什么的铺在地上，但是我跟几个同学已经讲好了，我们什么都不带，直接躺在地上睡觉，可是后来他们都变卦了，只有我和另外一个同学坚持什么都不带。这就有点儿尴尬了，看来口头的承诺抵不过人性中对痛苦的抵触。

这个活动我们是有老师陪同的，不过讽刺的是，老师们睡的是帐篷，我们幕天席地。同学们看着老师的帐篷，那叫一个羡慕啊！

差不多十点钟的时候，所有人就应该都准备睡觉了，但毕竟一个个都还年轻，有的是活力，一直到凌晨一点多，还有人在说话。我是那种入睡有些困难的人，在这种吵闹的环境里，一直能听到别人说话的声音。

除去声音方面的干扰，最烦的就是灯光。马来西亚的夜晚，到处都是灯火通明的。路灯亮，车库亮，家家户户门口亮。这一点和国内不大一样。我们躺在校园的空地上，教学楼上的灯光在夜里显得特别刺眼。我有一位同学，因为担心晚上会睡不着觉，所以带了一本书，他担心光线太暗没法儿看，还特意带了手电筒，结果没有手电筒也能看得清清楚楚。

从安逸舒适的室内跑到室外，躺在地板上翻来覆去，总觉得有点别扭，到了差不多凌晨两点的时候，我渐渐开始入睡，虽然睡得不是很沉，但也持续到了五点多，醒来后脖子和背特别不舒服。

一般来说，那些在街上无家可归的人都会准备睡袋什么的，像我这样直接躺在地上睡觉的会比较少，我这样做，让我的体验更为深刻，在各种噪音、灯光和难受的环境下睡觉真的是很痛苦。

我的同学们的体验比我也好不到哪里去，有不少同学因为睡不着或者太难受，都悄悄转移到室内的空调屋去睡了，早上起床的时候，我发现一直坚守在室外露天地板上的人已经为数不多了。

这次活动又让我的成就感倍增，竟然只靠一件外套就完成了挑战，也让我更深切地体会到流浪的困顿和悲惨。

IA 冒险之演练

九年级的时候，我参加了一个叫作爱丁堡公爵国际奖（The Duke of Edinburgh's International Award）的活动，我们学校简称它为IA。这个活动分为金、银、铜三个等级，我们这个年龄段参加的是铜级的活动，活动分为四个部分：skills，技术；physical，体能方面的；service，志愿服务；expedition，冒险。除了冒险部分，其他三个部分都需要持续三个月，每周需要各做平均一小时。

冒险是我们期待最多的环节，也是我参加这个活动的原因。虽然参加这个活动有诸多福利，比如做完所有这些事后，你可以得到这个奖，而这个奖对升学有帮助，但我一开始完全没有在意这一点，我之所以想参加这个活动，只是希望能借此机会体验很多新的东西……不知道这是因为男孩子天生具有冒险的冲动，还是爸爸一直给我各种暗示和鼓励的缘故。

我们在冒险环节所选的活动是hiking，即徒步旅行，活动持续两天两夜，每天至少要走六个小时。在真正开始hiking 之前，我们做了很多训练，这样等我们到野外hiking 时，我们已经熟悉了整个流程。

我们组里有五个人，我是这个组里唯一的男生。

训练是在学校里完成的，主要练习搭帐篷、做饭等比较基础的事情，因为真正去远足时，我们需要自己计划并准备那两天所吃的饭。

一开始，我们做饭的环节是很失败的，因为我们这五个人里面，Amelia 是素食主义者，Nurin 是马来人，这让我们做饭的难度高了很多。好在另外两个女生都是华人，一个叫Stella，一个叫Liann，我们在生活方式和饮食习惯上有很多共同语言。经过一次一次的失败和调整后，我们也都有了经验，到最后，我们组做的饭就是最好吃的了。

我们在学校里完成两次最基本的训练后，就要到山里做一次演练。这个演练的行程与最后真正的探险是一样的，也是两天两夜，只是地点不一样。

演练前，我们需要做大量的准备工作，比如，我们决定好那两天吃什么之后，组里的人分工去买食材和相应的做饭需要的工具，这对我们来说是最麻烦和最耗时的事情。

然后我们开始准备各自的行李，我从学校里借了一个容量为 45 升的登山包，更大容量的都被别人提前借走了，所以我只能尝试着尽量节省空间。有趣的是，我的包明明是最小的，却是我们组里最重的，因为我用比较小的空间装了比较多的东西……

我们是在周五下午出发前往营地，周日下午返回学校，这样不会影响我们正常的上课时间。

到达营地后我们开始搭帐篷，因为我们组除了我之外都是女生，所以我向老师申请了一个单人帐篷。单人帐篷的空间比较狭小，刚好可以装下我和我的背包，不过睡在里面的感觉还是不错的，肯定比几个人睡大帐篷要舒服得多。

因为探险旅程从周六早上正式开始，所以周五晚上我们都很放松，还用新学到的打绳结方法把一堆绳子连成一串来跳大绳，到最后连老师也加入进来了，整个气氛是很轻松愉快的。

比较尴尬的是厕所的设施，做得很简易。不过，虽然厕所比较简易，但里面至少有可以洗澡的地方，可能是因为在山上的原因，洗澡水冰凉冰凉的。

因为男厕所和女厕所中间隔着的那面墙有点矮，所以上面用一块铁板来加高。厕所的隔音效果很差，可以很清楚地听到墙那边的声音，两边都有人洗澡时，情况就有一些尴尬了，说句悄悄话也能被对方听去，然后两边就隔墙互骂，也是很好笑。

因为第一晚所有人都有些兴奋而且也不累，所以到了凌晨还有人在讲话，搞得我也没有睡好，早上五点多的时候就醒了，然后开始整理背包和收帐篷；到了六点多的时候，我就把我的组员都叫醒了。

我和Liann 负责收帐篷，其他几个人去准备做饭的东西。之所以这样分工，是因为我担心时间会不够用，因为除了早饭之外，我们还需要把午饭也做好。我们一直要到下午才能回到营地，所以午饭就需要在路上解决。

马来西亚的天气比较热，长时间在户外远足，水的补充一定要跟上。我们很多人都用那种适合远足的水袋（hydration bladder）来装水，水袋放在背包里，渴的时候可以利用伸出来的吸管喝水，和水瓶相比，水袋用起来更方便，容量也更大。

第一天活动刚开始，我们组里有人的水袋就开始漏水了，没有办法，只能用塑料水瓶来代替，但是容量明显不足。因为我的水袋十分坚固，而且可以装三升水，所以我就跟她们讲：不用担心，不够喝的话我可以补给你们……

我们第一天的计划是到达一处瀑布，在那边稍作休息后吃午餐，然后再返回营地。

出发不久，我们就感到有些累了，尤其是背包压在肩上十分不适，而且我们完全不习惯远足的时候身上背着那么重的背包。后来经过调整，把肩上的重量转移到腰上，渐渐地，我们也适应了。

我因为经常远距离跑步，所以身体适应了这个环境和压力后还是觉得挺轻松的，但是我的组员就没有这么轻松了，而且这条路的上坡很多，一不注意，我们几个人之间就拉开了比较远的距离。

一般来说，作为一个团队，我们之间的距离不应该超过两米。所以，起初的时候我们之间还没有一个团队的感觉，更没有什么团队合作了，但随着我们越来越接近瀑布，道路也变得更陡峭和狭窄了一些，自然而然地，我们开始相互等待和互相帮助……

等我们到了瀑布所在的地方后才发现，那里有很多蜜蜂飞来飞去，嗡嗡嗡的，让人很不舒服，而且我们组里有女生害怕蜜蜂，所以也没有在那里多休息就直接往回走了。

在往回走的路上，我们找到一个靠近河边的地方吃午饭。Stella 看到河边有一块比较平整光滑的大石头，她们就想踩着水面上的石头走过去，坐到那块大石头上休息。她前脚刚踩到石头上就打滑了，Nurin 也想试一下，也没踩好，搞得鞋都湿了。总算到了那块大石头上面，结果又打滑了，一屁股直接坐在了石头上，搞得我们都哭笑不得，而她则很无奈地坐在石头上一脸苦笑。

女孩子有些时候想得比较简单，只想着怎么样才能舒服一些，就忘记了一些常识。我们穿的都是登山鞋，鞋底都比较硬，并且鞋底的颗粒比较大，空隙也大，在泥土或草地上的抓地力很强，但是一碰到硬的平面就很容易打滑，更别说那些石头还是潮湿的。

有一次我去参加越野跑，先在屋里换好了鞋，结果没走几步就滑了好几下，差一点就成了跳街舞的，所以我在这方面比她们经验多一些。但是如果她们不自己体验一下，可能也记不住。

在往回走的过程中，我们都感觉比去的时候要轻松很多，看来她们也渐渐地开始适应了。就在我们走到一个很陡的下坡时，天气渐渐转暗并下起了雨，地面也变滑了。

马来西亚的雨就是这样，说来就来。这场雨虽然让山路难走了很多也危险了很多，但是却考验了我们的团队合作能力，一路上我们相互帮助，彼此鼓励，一起小心翼翼地走了下来。

雨停后，团队里的氛围变得轻松愉悦了很多，也渐渐有了一个团队应该有的样子。可能是因为瀑布那里的蜜蜂扰人，我们没有在那里待很久，也可能是因为我们的确走得比较快，所以当我们接近营地的时候，发现离我们预定到达的时间还有两个多小时。

反正时间还很多，有人就提议开一个茶会。我们随即在周围找了一块空地，把水烧开，分别泡了美禄和拉茶。我们就那么席地而坐，享受着午后的时光。之后其他的小组路过，我们还邀请他们加入我们的茶会，他们一脸艳羡地看着我们，最终也没有加入进来……

当我把这次茶会分享给父母时，爸爸感慨地说，现在的孩子太会享受，不管多累多忙都会腾出时间来享受一下，相反他们这一代人好像就只知道工作。我想，那也许是因为我们还不知道柴米油盐贵的缘故吧。

片刻的享受抵挡不住长途跋涉的累。虽然我们都适应了这种跋涉，但是毕竟背着十来公斤重的背包走了十来公里，一回到营地，很多人就直接躺在地上了。

经过这一天，的确是浑身酸痛，幸亏我经常做运动，我的腿部并没有什么酸痛的感觉，只是肩颈和脚比较累。我看很多人都累到想放弃了，他们完全没有想到会这么难，这么累。虽然他们嘴里这么抱怨，但是年轻人的内心里其实都有一股不服输的劲儿，而且又是团队协作的活动，更何况参加这项活动我们都是交了钱的，而且也都经过了很长时间的训练，哪能说放弃就放弃呢？

我们参加这个项目，有专门的教练来教我们，我们也通过这个项目学会了很多野外生存的技巧。说实在的，一整天下来的确很累，但我非常享受整个过程，一路上的风景都非常不错，马来西亚本来就是处处都是风景，我们选择的这个地方又是山上，少有人来，自然景观保存得极好，我很喜欢这种徜徉在大自然中的感觉，就是被蚊子咬了二十多口，不爽……

晚上吃完饭后，我发现很多人给家里打电话，我们几个心比较大的男孩子就在旁边偷听，听他们在那边哭哭啼啼地讲有多累，真的把我们给笑死了。不过正因为大家都很累，到睡觉的时间，基本上一点声都没有了，跟前一天晚上形成了鲜明的对比。

第二天早上，我仍然是五点多就醒了。自己一个人在帐篷里真的感觉很方便，我很快就把装备都收拾好了，然后做和第一天早上一样的事，跟我的组员为当天的行程做准备。

这是最后一天了，我们只要走到目的地，就可以坐巴士回学校了。

这一天我们所要走的距离比前一天要短一些，但是会难走许多。

出发前我并没有装太多水，因为从前一天的经验来看，我也就喝一升多的水。也多亏我并没有装满，因为我们出发不久，又有一个组员的水袋漏了，而且漏得很厉害，我就把她水袋中剩余的水倒进我的水袋，然后我成了我们组的移动水库。好在我们各有一个备用水瓶，喝水的问题不难处理，只是我的背包会比较重一些。她们喝完水瓶里的水可以从我的水袋里倒……

写到这里，我必须要感慨一下，真是一分钱一分货。我的这些装备是妈妈陪我去买的，我嫌买的水袋太贵了，但是妈妈说水袋不同于别的东西，漏水就麻烦了。幸亏我买的是贵的，质量有保障，最后我们组里只有我的水袋完好无损……

经过前一天的劳累，大家一路上都比较安静，虽然还是会聊天，但都不想再多耗费一点力气了。

我感觉自己的体力和精力还算是比较充沛的，但是因为肩膀很痛，再加上又背了四公斤的水，很快也感到累了。不过我们组的速度跟其他组相比还是比较快也比较平稳的。

但是意外总会发生。Stella 的肩膀特别疼，当时她已经没法背背包了。她说可能是因为她的肩膀之前受过伤，所以从第一天开始，受过伤的那一侧肩膀就不舒服。我们当即决定，两个人一组，轮流替她拿包。

结果好巧不巧，前面刚好是一个很大的上坡，走了很久还看不到头，很多组员在中途就累得走不动了。虽然说是轮流替Stella 拿包，但我是这个组唯一的男生，女生都恨不得把自己的背包扔掉，所以一路上基本都是我在拿，也是因为这个，走完这个上坡后，我真的没有大力气了……

最后我们总算是坚持着走完了全程，第二天的路明显比第一天的路难走很多，不过我们一路上都在互相鼓励对方，我认为这是一个良好的团队一定要有的氛围，我们在最艰难的过程中也一直保持着积极向上的气氛，靠着相互的鼓励和向上的精神，去突破我们的身体极限，完成了我们这一次难得的人生体验。

这两天的经历的确很独特，我发现即便做了万全的准备，也会有各种意外的发生，而面对意外，我们需要冷静，需要动脑，需要相互间的配合。我也喜欢上了这种徒步旅行的感觉。

拍电影

到了九年级最后一个学期，我们整个学期的英语课都只在干一件事情，那就是拍电影。老师要求一组三到四个人，每个人都要有一个职责，像导演和摄影师之类的，拍完之后每个人都要自己剪辑出来一个版本，然后从组内选最好的一个作为正式版上交，并且参加最佳影片评选。老师给我们设定的主题是“unexpected”，也就是“意料之外”，当然一开始老师会在课上给我们讲一些关于电影的相关知识，像各种镜头的角度等，之后我们需要做的事可以分成三个阶段，第一个是拍摄前的计划准备阶段，第二个是拍摄阶段，第三个是后期的剪辑制作与宣传阶段。

我们首先根据主题编故事，编好故事后需要写出剧本，其中包括演员的一系列对话和动作，之后画出storyboard，也就是分镜，这其中需要考虑的因素有镜头的角度和角色的站位等，这样所有的成员就可以理解主要的场景要如何拍摄，我们对整部电影大体的形态也都有了概念。做完这些之后，就需要准备相应的道具了，因为我们要拍的是恐怖片，所以我们需要的道具要多出其他组很多，但是我们没有一毛钱的预算，只能尽量在学校里面找，找不到的就只能自己想办法去搞到，比如说像面具和假血这样的道具，一开始我们想让反派以一个小丑的姿态出现，但既找不到合适的服装也找不到类似的面具，最后就随意选了一个面具，再穿上黑色的衣服，戴上奇怪的假发，能出来恐怖的效果就可以了。

一切工作都准备就绪后，就进入拍摄的阶段了。我觉得拍摄的环节是最麻烦的，但同时也是最好玩的。

开始拍摄前，我完全没有想到会花这么多的时间。我们这个学期英语课的上课时间就是用来拍摄电影的，英语课有的时候是80分钟，有的时候是40分钟，排除掉去借摄影设备和布置场景的时间，即便是80分钟的上课时间，最多也只有一个小时的时间可以用来拍摄，所以我们拍摄的时间其实并不多。又有很多次我们组里的人因为参与其他的事，使得我们耽误了很多拍摄的时间，跟别的组相比，我们的进度慢了很多，有的组都已经拍完了，我们却连一半都不到。当然，还有一个原因是我们的剧情比较复杂，故事比较长。因此我们只能趁着周末放假的时候到学校里去拍摄，或者利用放学后的时间拍摄。

我们拍摄的地点在礼堂。本来认为在礼堂那里，灯光什么的都可以操控，而且又是一个密闭的空间，适合恐怖片的气氛，结果最大的问题反倒在灯光上。我们自己能打开的灯光只是那种很微弱的嵌在天花板上的那种，天花板很高，灯光就显得格外暗；其他的灯光需要负责管理礼堂的老师操作，而放学后和周末假期的时候老师都不在，而且他下班的时候会赶我们走，不允许我们在礼堂里拍摄。我们就等他走远了以后再进去，但无法操作灯光的问题还是让我们感到头疼，至今我们都不知道那些灯光的开关在哪里。

我们电影中大部分的镜头，都是在那个灯光老师不在的时候拍的。现在想想，灯光的问题还不是最大的问题，后期制作可以解决，最大的问题，也让我们感到最头疼的问题是没法打开空调。

周末的时候，因为打不开空调，礼堂里面真的是又闷又热。在马来西亚，不能开空调是一件非常痛苦的事情，所以每拍一次我们都是汗流浃背的。而我扮演的是那个坏人，还需要额外再穿一件外套和戴一个假发，可想而知我有多痛苦了。让我觉得最不舒服的是，当那个假发和汗水混在一起的时候，本来那个假发的质感就令我感到很不舒服，这一出汗，我真的想立马把它摘下来……

我是我们组的导演，我估计自己是脑卡了，才把剧本写成了这样。剧本出来以后，他们一致认为只有我适合演这个反派，结果成了我自己给自己“挖坑”。我在这个剧中演了两个角色，虽然过程中拍得很崩溃，但是还是很好玩的。

当诺大一个礼堂里灯光昏暗又没有人的时候，本身就弥漫着一种恐怖气息，再加上舞台上也有很多的遮蔽物，真就是一个很完美的吓人环境。我试了一下，结果真就把他们吓着了。之后每次拍摄时我都要吓他们几遍，他们都表示再也不要跟我一起拍电影了……好吧，他们真是太胆小了，也可能是我太喜欢恶作剧了。

最后总算把所有的画面都拍好了，然后就进入下一个阶段，为电影做宣传和剪辑。对我们来说，像做宣传这一类的都不是什么难事，我们被要求做预告、海报和故事简介，而这些都属于一下子就可以搞定的，不用着急先做，所以我们就先开始剪辑电影，预告可以先剪辑出来。

本来以为拍电影的过程已经很恐怖了，后来我发现剪辑的过程才更恐怖。在我准备剪辑影片的时候，正好赶上学校放了一个小长假，我就自己一个人待在家里，开始我的剪辑工作，前期的工作并没有什么特别的地方，我只需要找到正确的片段，把它们按照顺序排列起来并把多余的部分剪掉就可以了。因为都是自己在现场拍的，所以没有很特别的感觉，只是有时候看着自己的形象觉得很好笑。

但是恐怖片之所以恐怖，很大一部分原因是因为背景音乐所营造出来的气氛，所以我需要寻找合适的配乐和音效，这是让我感到最惊心动魄的一段时光。在搜索的过程中，我需要把我找到的每一条音频，或在YouTube上的每一个视频都听一遍，先看它够不够恐怖，之后再看它符不符合我们拍摄的画面要求，而且还不能有版权……

YouTube上有很多视频给音乐配的图都是那种很恐怖的类型，这音乐本身就是恐怖的，再加上一大堆的图片就更恐怖了。虽然我心里一直发毛，还是得继续下去。等到天色黯淡下来，夜幕降临的时候，我已经听了好几个小时的恐怖音乐了，逐渐地，我开始害怕起来。不得不说这些作曲的人是真有才，这气氛渲染得让我直流冷汗，再加上只有我一个人在家，那天晚上是我度过的最恐怖的一个晚上。

第二天上午我总算把音乐都找全了，但是在剪辑的过程中，还是得一遍又一遍地听，有时候即使是大白天也能让我心惊胆战的，音乐的力量真的如此强大。听我另一个同学Andrew说，他也是有一天晚上在家找恐怖音乐，结果他家刚好突然停电了，他说差点把他给吓出心脏病来……看来晚上真的不能玩恐怖音乐。

电影剪辑完以后，我们又做好了海报和故事简介，按时上交了作业，在同学们面前放映展示：一群人在剧院里练习演出，灯突然灭了，剧院里一下子就暗了下来，等灯光再次亮起，男主发现其他人都不在了，男主在寻找其他人的过程中被突然出现的鬼追杀，然后被打昏了。男主醒来的时候，发现一切似乎都是幻觉，因为其他人正在舞台上围着电脑观看影片。就在他放松警惕的时候，他从手机的倒影中发现他后面的同学就是鬼，但其实这一切都是他们拍的片子，他们只是在电脑上看而已。可是一切并没有结束，随着镜头逐渐后移，人们才发现那个鬼正站在房间的角落里……随着我们的电影画面一幅幅展开，伴随着恐怖片的背景音乐，同学们不断发出惊叫声，影片结束，还有几个女生惊魂未定。

影片反响还不错，但是并没有得到最佳电影奖，大概恐怖片并不是人人都喜欢吧，尽管我们完美地表现了“意料之外”这个主题，也达到了恐怖片的效果。

现在看来，那个故事的制作并不是很精良，甚至有不少的瑕疵，不过对当时首次拍电影的我们来说，已经足够让我开心和骄傲很久了。

挑战周之做动画

我们学校有一个叫作“Challenge Week”的活动，中文叫挑战周活动，五年级到十年级的学生都要参加，有一周的时间可以报名参加各种各样的活动。活动时间一般都安排在每年的春末夏初，也就是每个学年的第三个学期末。

活动项目有出国旅游、本国旅游、校内活动等，2018 年出国旅游的国家有泰国、柬埔寨和尼泊尔，泰国我去过，柬埔寨和尼泊尔我不感兴趣，而到马来西亚其他城市旅游的项目就只有到东马去的比较吸引我，而我也已经去过了，所以我就选择了学校内的活动。学校内的活动是免费的，旅游是要花钱的，我记得最高是 4000 马币，我不出去旅游就省下了这笔钱。

学校里的活动，也有很多的项目可选。我看到有一个活动是拍自己的电影，从介绍上来看，似乎可以学到一些剪辑的技巧和一些拍电影或动画的理论，因为我本身就对这方面感兴趣，感觉这是一个可以按照自己的意愿拍摄视频的机会，不像在课堂上要跟着上课的主题拍，而且这个活动是免费的，我就报名参加了这个活动。

活动总共有五天的时间，从时间表上看，我只有两天的时间可以真正做自己想要做的事情，第一天先是讲解介绍，第二天是做策划，第三天和第四天才能拍摄并剪辑，第五天是展示。

本来我对从这个活动中学到新知识是有所预期的，结果发现第一天超级无聊，主要是让我们了解几种不同的动画形式，比如定格动画、手绘动画，等等。

一整天都在了解这些知识，而这些我早就知道了，即便是凭空想，也能想到那些动画是怎么做出来的。但是因为报名参加这个活动的也有不少低年级的孩子，所以对于老师安排的活动，我们都感到很无聊。

其实让我们感到无聊的还有一个原因，就是其中有一个老师的教学方式和说话方式，我们高年级的学生都特别讨厌。第一天还没结束我们就后悔了，不过毕竟也没法换了，只能希望后几天能稍微有点意思。

第二天就开始策划拍摄了。虽然说我希望没有主题的限制，这样我可以自由发挥，但是也因为这样，我对于自己要拍什么，一点头绪都没有。

我差不多想了一上午，还是没想出来该做什么好。原来没有主题的拍摄虽然刺激，但是也挺难的。我在制作动画和拍真人电影之间一直犹豫不定，又想不出什么题材，真是煞费脑筋。最后还是决定趁着这个机会尝试一下绘制动画，也算是符合了挑战周中的“挑战”一词。

动画每秒至少要六张图片，一个动画片最起码也要做到一分钟，这样一来，我就要画 360 张图片，而这些都需要在两天内做出来，并且还要剪辑，想到这里我开始有些犹豫了，算算时间，我顶多只能凑个一分钟的视频，可是一分钟根本就讲不了什么故事……这可怎么办呢?

我急中生智，干脆也不讲什么故事了，直接做个爽片就算了，这样既省事，别人也愿意看，我就把跑酷和僵尸等比较刺激的原素整合在了一起。我之所以会选择跑酷，是因为网络上有不少跑酷的视频，很多动作我可以从那些视频里做参考，这样我的素材就非常充足了，会节省很多时间。

就这样，第二天我真的用了一天的时间做了一个决定。做了决定当然说干就干。

放学之后，我就开始从网上选取合适的跑酷视频，然后从选取的视频中各截取了几段我想要的动作，因为要确保这些动作的连贯性，所以我需要给它们重新剪辑排序，组合成一个新的视频……光是这个工作就花了我好几个小时。

新视频剪辑好以后，我用一个软件把视频都转换成了图片，有了图片就可以开始作画了。我用的方式类似于转描机技术，先把图片导入绘画软件里，再在软件里描着其中的图像把人的轮廓给画出来。虽然整个作画过程简单快速许多，但是前期的准备工作也是很耗时的。首先我要先创建新的画板，有了画板才可以导入图片，然后把图片导入我绘画的软件里，图片传输需要时间，直到晚上休息前，这些准备工作才算完成。

此时我心里其实是没底的，360 张图片，我要在两天之内画出来，还不知道画的时候顺利不顺利，所以等宿舍家长熄完灯后，我又爬起来继续工作了一会儿……

从第三天开始，我就可以全天都画画了。但是一开始的时候，有一点儿小小的不顺，我和那个老师没法儿沟通。就是那个我觉得讲课挺烦人的老师，第三天活动一开始的时候，让我们把自己需要的设备或道具都列下来，给他看了之后再去拍摄。因为其他人有组队拍真人电影的，也有拍定格动画的，所以会需要摄影机什么的，而我不需要什么，需要的东西我头一天晚上自己都准备好了，所以我就去问老师，我可不可以直接开始我的创作了，但是他非要我把需要的东西列下来，我说我不需要任何东西，他还是硬要我把要用的东西列下来，我真是哭笑不得，我当时就想，他是不是吃错药了，怎么听不懂话呢？正在我苦恼怎么跟他说清楚的时候，我看到另一个老师进来了，我就问她说，我不需要其他的东西，可不可以直接开始拍摄？她很爽快地说当然可以。看来一根筋、不好沟通的老师到处都有啊。

画画那两天，我除了吃饭和上厕所之外，基本都是一个人在图书馆里一刻不停地画。然后我发现自己渐渐进入了一个很奇特的状态：自己慢慢静了下来，所有的注意力都集中在一件事上，跟外面的世界感觉隔着一层很模糊的膜。每次开始画画的时候，画一会儿就会进入这种十分专注的状态，渐渐地，我感觉有一种惯性推动着自己继续做这件事，有的时候想停都停不下来……

虽然很享受这种状态，但是因为一直低着头画画，所以一天下来等到放学的时候我就感受到颈部的酸痛了，而且肩部也开始有酸痛的感觉。到了晚上该睡觉的时候，整个人真的是身心俱疲，即使闲下来什么都不做，脖子也会有酸痛感。虽然已经这么累了，而且感觉一闭眼睛我立马就会睡过去，但我心底里最大的恐惧，还是担心无法在规定的时限里将我的动画做出来，所以我又硬着头皮起来继续画，但是实在是太困了，没画几张我就受不了了，然后设了闹钟，计划早上早一点起来再画。为了完成作业，我也是拼了。

因为我一直非常专注并且不停地在画，所以虽然比较累，但制作的进程比我预想的要快不少，这样我心里踏实了很多，到第四天的下午，我终于把所有的画面都画完了，画完的那一刻，整个人瞬间放松了很多，尽管脖子还是很疼。

其实画画本身对我来讲并不难，当初想得也比较简单，觉得人物动作这个最复杂的东西我可以直接转描那些图片上的人，应该也不难。但开始画之后，我才发现我要做的事情还是很多的。因为这些图片是我从几个视频中截取、转换的，人的体型和衣服都是不一样的，所以虽然在绘制动作方面省了我不少事和时间，但人物的形象还需要我做很多的改变。另外，尽管这些图片里人物的动作能连贯上，但因为取自不同的视频，背景和场地不一样，所以我真正能借用的就只有动作了，我需要重新设计他们所跳过的障碍物，适合他们的动作，而且还不能让他们只是窜上或跳下，这非常考验我的空间感和想象力。还好这些问题也都迎刃而解了。我不知道该说自己是幸运还是什么，总之，我的画虽然画起来比较麻烦，但是很顺利，一气呵成。

画完图片之后就是后期制作了，包括剪辑、配乐、配音等。后期制作也是很有意思的，我需要为自己的动画配上适合的音乐，我只能去寻找那种没有版权的音乐。因为是跑酷，所以要有一些音效，比如脚步声、落地的声音、击打的声音等，当我把这些东西混合在一起去欣赏的时候，尤其是出自自己的手，那种感觉是奇妙的。

我在规定时限之前做完了，而且效果很好。我的作品在展示时他们看得都很过瘾，获得了一致好评，赢得了一等奖。

虽然这次活动刚一开始的时候看上去很无聊，我甚至怀疑自己这个挑战周会过得平淡无奇，直到我第二天做出决定，才体会到挑战周的味道。我收获了一次很特别的经历，自己居然制作了一部动画。

IA冒险之考评

前文说过，“爱丁堡公爵国际奖”（简称IA）是我非常喜欢的项目，尤其是冒险环节。

十年级第一个学期刚开始一个多月，便到了IA冒险之旅的最终环节（IA qualifying trip），老师和向导会评估我们的表现是否可以通过冒险这一环节。九年级参加的那次只是演练，是为了这次的IA活动做准备。

我们这一次的活动地点是福隆港（Fraser’s hill），暑假的时候我刚刚和父母拜访过这座山。我们的营地是在那座山上的一所学校的操场上，据说那所学校目前就只有一个学生。

上福隆港的山路蜿蜒曲折，我们坐的是那种小型巴士车，沿路环山盘旋而行，车子甩来甩去地，到达目的地以后，有几个同伴下车呕吐起来，给了我们一个小小的下马威。

到了晚上，我们每个组都拿到了后两天的路线图，我们需要做的是写一些路线指示，在需要变方向的地方提前标出，走几百米往哪里转多少度，这样当天在辨识的时候会省很多事。

第一天比较好，我们抵达一个林道Trail之后，沿着它走就好了，并且还可以用GPS。第二天则复杂了很多，目的地距离我们也就几百米，但是我们则需要按着地图上所规划的路线走，基本要把整个小镇走个遍，并且只可以用地图，不可以用GPS，这个时候就考验我们看地图的能力了，不过好在这里我来过，嘿嘿。

在我们写路线指示的时候，有一个组员闹了一个小笑话，她把表示角度的符号“° ”写成了温度的符号“℃”。这让我们小组足足笑了两天，成了让我们在疲劳中打起精神的方式。

根据九年级那次冒险环节的经验，我早在出发前收拾行李的时候，便决定尽量替队友多拿一些东西，这样的话她们会轻松许多。在装完自己需要带的东西后，我的背包已经很沉了，不过我还是尽量腾出空间将食物和工具塞了进去，凭感觉我的背包的重量大概已经超过了十五公斤。

第一天早上所走的路线(Pine Tree Trail) 会到达山的最顶端，我们便以到达那里吃午餐为目标，所有人都很积极，也都精力充沛。然而我们完全低估了这条线路的长度，以为距离山顶也就五公里罢了，结果这条路的实际距离远超过五公里，山路不光蜿蜒崎岖，还有各种很陡的上下坡。走到三分之二的路程时，我们便有些累了，而背包的重量也压得我的肩膀酸痛不已。

又走了一段时间，突然收到信息让我们立刻返回，因为向导们预测下午将会有雷雨。这无疑让我们的热情骤减，总感觉特别遗憾，明明那么接近山顶了……

考虑到雷雨可能随时会来，我们便加快脚步尽快往回走，以至于没有控制好行进速度和休息的时间，我们自然越来越累。我们意识到了问题的所在，就开始进行调整。就在这个时候，我胸前的背包带子断了，结果更多的重量压在了我的肩上，以至于到后来整个肩都红了，一碰就疼，非常痛苦。

往往就是这样，“福无双至，祸不单行”，Stella 又不小心受了伤，这更打乱了我们刚刚找回的节奏，让本来就慌乱的情况更加麻烦……

虽说我帮她们背了很多东西，但他们毕竟都是女生，且没有经过太多的体能训练，所以她们的疲惫程度并不亚于我，而那时我们还有很长的路要走。大概因为害怕遭遇雷雨天气带来的困难和麻烦，我们都认为要赶时间，不能够停下，所以尽管筋疲力尽，还是逼着自己继续往前走，那种滋味的确很不好受，以至于到最后她们都快要崩溃了……

最终我们还是靠着互相鼓励和零食所提供的些许满足感，硬撑着回到了营地，也算是一次突破心理和身体极限的考验。

最让我们懊恼的是，下午天气十分晴朗，阳光明媚，完全没有要下雨的意思，我们那么拼命往回赶，到最后却连一滴雨都没有下。抬头望望天空，仿佛天空中都堆满了笑意，似乎在说：雷雨和你们玩捉迷藏，忘记出来了。

到了晚上，向导们点燃了篝火，也给我们提供了棉花糖作为犒劳，虽说早已是身心俱疲，但在星空下、篝火旁，还是让人十分惬意和放松的。如果我们没有走那么远的路，不这么疲惫，在这个情景下会不会感觉更美好？但是印象可能不会这么深刻。

第二天的行程就简单不少了，毕竟主要考验我们使用地图的能力。但是前一天的疲劳还是让身体十分酸痛，特别是我的肩膀，不光是肌肉和骨头被压得难受，皮肤也被摩擦得刺痛，在马来西亚那么热的天气里，穿的又极薄，衣服给不了皮肤太多的保护。为了让肩膀好受一点，我把塑料袋拧起来绑在胸前，尽量分担肩上的重量，只是要把背包拿下来的时候就很麻烦。

经过一夜的休息，行程刚开始时不觉得怎么累，尽管身体还是酸痛的。但是我的肩膀却疼得让我根本无法专心，后来不知道是习惯了那种感觉还是超越了疼痛，身体好像没有那么疼了，却越来越累了。身体的疼痛伴随着对意志和精神的折磨。

因为我之前来过福隆港，对这边的路算是比较熟悉，也和父母走过几条林道，就省去了不少找路的时间，走林道的时候都是我在前面带路。我似乎非常擅长走这种崎岖不平的山路，可能是因为小的时候爸爸总是带我到各种荒郊野岭去爬山吧，而且我的耐力比较好，可以保持一种平稳、快速的步伐节奏，后面的队友也都跟得上我，我们的向导说，在她带过的队伍中，我们组是最快最稳的。

早上的时候我们还边走边聊，很有活力的样子，走的路越多，人就越蔫，累得都不愿讲话了，大概心里都在默念着赶快到达终点吧。我们就这样一步一步地靠近终点，到了能够肉眼可及的距离时，所有人都兴奋地加速跑过去，我忍不住吐槽道：“你们的力气刚刚都跑到哪里去了？都留着最后冲刺了？”

当IA冒险之旅完成时，我们怀有满满的成就感，虽然所有人一脸疲惫，但都是开心兴奋的。然后就是刚从徒步冒险的噩梦中解脱了的我们，又开始进入晕车晕到山下的噩梦……

此次IA冒险之旅的考核，我们全部通过。

Service CCA

“爱丁堡公爵国际奖”（简称IA）活动并不只是徒步旅行和探险，冒险只是其中的一部分，除此之外我们还需要做与技术、体育和志愿有关的活动，并持续三个多月。

这些我并不是很担心，因为我一直在做与技术和体育有关的活动，只是对与志愿有关的活动毫无头绪，不知道怎么做，也不知道该做点什么。不过好在我们学校有CCA（Co-curricular Activities），放学后我们可以选择参加课外活动和学生俱乐部的活动，比如有烹饪的、足球的、表演的CCA 等，而Service CCA 是专门给我们这种需要做志愿活动的人提供的，但是需要我们自己计划一些志愿活动。参加Service CCA 的有几个是和我一起参加IA 活动的同学，也有一些高年级的学生。

一开始，我们想延续九年级时我们所关注的社会问题，就是帮助无家可归的人们，为相关的慈善机构提供物资。因为考虑到会捐赠食物和卫生用具，我们便写邮件跟他们确认，询问有没有什么需要的物品，我们可以帮忙募集。但是对方的回复让我们特别无语，他们并不需要我们提供什么物品，因为目前有别的学校给他们提供这些物品。

我们的CCA 老师也觉得很无奈，免费的东西都不要，让我们有一种帮助别人还得求着他们的感觉，所以我们一致决定放弃这个计划。

后来经过大家的讨论，我们把计划的主题定为“减少塑料袋和塑料吸管的使用”，而我们的老师对于环境方面的问题也特别关注和重视，特别是在塑料污染这方面，我们一讲到塑料污染，她就显得特别激动。她说她每天都会随身携带不锈钢的吸管，坚决不用塑料的吸管。她跟我们说，她经常去潜水，因此见到了很多塑料用品对大海生态造成的污染现象。就这样，我们的主题又达成了一致。

我们一开始的计划是针对外卖平台的。因为大多数时候外卖都需要送到家里，而每家都有自己的餐具，并不需要饭店提供一次性的餐具，所以我们的计划是倡议马来西亚的主要外卖平台把塑料餐具和塑料吸管设为可选择项，或象征性地进行收费，这样就能避免更多的塑料污染。

我们通过发邮件、在脸书上留言等方式向这些外卖平台提出了我们的倡议，然而，被我们“骚扰”的十来家平台中，只有三家平台给了我们回复，这再次让我们体会到，做公益并没有我们想象的那么简单，想要改变什么更没有说的那么容易。

后来我们看到新闻，吉隆坡、布城从2019年开始禁止餐馆使用塑料吸管，违者可被终止营业执照，我们就想借这一政策先向我们学校周边的餐馆推广我们的想法。

我们为此设计了好几种海报，海报上同时有中、英、马等几种不同的语言。我们分成两组分头行动，到餐馆里向餐馆的主人传达我们的倡议，希望他们可以减少塑料餐具和塑料吸管的用量，并且希望他们把我们的海报贴在墙上，这样可以提高来餐馆用餐的人们这方面的意识。

但是我们这组的进展并不是很顺利，首先是因为我们组只有一个人可以用马来语进行简单的交流，而学校附近大部分的商家主要以马来语交流为主，这就导致我们的沟通不顺畅，观点的传达也没有那么到位，这明显影响了我们的士气。而且过程中还碰到了让人更泄气的事情，比如当我们说想和餐厅的管理者对话的时候，不少餐厅的店员都说管理者不在，当然他们可能真的不在，但是这种软钉子更让人不舒服，总之我们感觉不怎么顺利。当我们走出餐馆，我就跟同学调侃，说如果我是管理者的话，看到一堆学生过来找我，估计我也会讲管理者不在，装作自己是个普通店员。他们都点头称是。

不过，有些餐馆确实很友好，不仅爽快地接受了我们的建议（至少在我们看来是这样），并且答应会把海报贴到墙上，这让我们很开心，也特别有成就感，我们也为保护环境做了一点贡献。

我们也遇到这样一家餐馆，态度很冷淡，毫不关心的样子，即便店主听到了政府方面的禁令，也仍然无动于衷，表示到时候再说，我们也不好再多说什么，只好离开。

总体来讲，我们这个活动是不太成功的，不像我们参加过的其他活动，更多取决于个人的努力和坚持，而这个活动却更多依赖于我们和外界的互动与外界对我们的认同。这个活动给我最大的体会是，在利益面前，要改变别人的观念真的是很难的，特别是保护环境这种对不少人来说很遥远、很抽象的理由。我们也深刻地理解了为什么环保的口号喊了很久，却没有明显的实际效果的原因。

但是经历过这些以后，也让我知道想要做成一件事并没有想象的那么容易。

圣诞节去做派礼物的“小精灵”

西方国家过圣诞节都很隆重，虽然马来西亚是东南亚国家，但是因为国际学校采用的都是英美的教育体系，所以对圣诞节这样一个国际化的节日，自然少不了各种庆祝活动。

小孩子通常都会盼着圣诞老人给他们派发他们喜欢的礼物，这是圣诞节那天很重要的一个节目，我们学校在圣诞节那天肯定也不能缺少送礼物的活动。

我们学校的学生会基本上每年都会组织这样的活动。学生会会提供礼物清单给我们，礼物当然都是吃的，有学生会自己做的，也有买的。我们就从礼物清单中给别人订购，当然是要付费的，并在上面留下祝福信息，然后会有人把礼物送给指定的人。

我就做过那个去送礼物的“小精灵”。两个“小精灵”负责送一个年级的礼物，那年我负责的年级有三大箱礼物要派送，可见同学们对这个活动有多热心。

其实要派送的礼物多还真不是什么问题，因为教室都比较集中，所以一开始还没什么压力，但到后面问题就来了，因为派送礼物那天是最后一天上学，很多人都没有来，三箱礼物里有一整箱的礼物，因为收礼的人不在，需要退回去。

礼物都是送礼的人花钱订购的，如果送不出去，需要把礼物再退回给订购礼物的人，这就很麻烦了，更麻烦的是很多人选择了匿名订购礼物和送礼物。

因为礼物都是吃的东西，所以不能放很久，而且马上会有两周的假期，我们只好从订购礼物的表格中一个一个对照，找出是谁送的。

在派送礼物的时候，我们发现了一件特别好玩的事，有一对男女生相互暗恋对方，也都订了礼物送给对方，但是不知道为什么，他们俩那天都不在学校，所以礼物都没有送出去。

虽然他们能互送礼物是我们都想看到的事，我们也想看到借着这个契机他们之间可以破冰，变暗恋为明恋，但是这两个人都不在，还给对方送礼物就让我们一头雾水，感受到他们满满的青涩。

他们都不在，礼物也没法退回，就被他们的朋友分食了……

重新拾起丢下几年的钢琴

我是从幼儿园开始就对钢琴很感兴趣的，那个时候幼儿园里有一个我很喜欢的年轻老师，但是现在已经忘记她叫什么名字了。她经常会弹钢琴给我们听，我觉得钢琴的声音很好听，就想学钢琴了。

那个时候我五岁左右，一直学到了三年级，中间因为搬家，也换了几次老师，但钢琴一直在弹，虽然进度不是很快，练的也不是很多，但是一直没有断。后来搬到山东师范大学的一个教职工宿舍，因为距离原来上课的地方比较远，所以钢琴课停了一段时间。

当时发现邻居家里经常传出弹琴的声音，后来了解到他也教学生弹钢琴，就开始跟着邻居学习。起初我还很开心，不用跑很远的路去上课了，上了几节课，才发现那是噩梦的开始。

这个老师可能因为太年轻了，比较气盛和高傲，知道我上一任钢琴老师是谁以后，把那个老师贬低了一通，大概这就是大人经常说的同行相轻吧，尤其是文人之间。当时还小，很不理解大人之间的这种相互贬低。这还不算什么，厉害的是这个老师让我完全失去了弹琴的兴趣。

老师先是贬低国内钢琴界很多弹钢琴的人指法什么的都不对，对的人并不多，而他就是为数不多的那几个对的人之一。这种吹毛求疵的话给了我很大的压力，渐渐地，我开始对弹琴有了一种抵触，到最后干脆不想弹了。

因为这个钢琴老师，我也真正意识到了老师在一个人成长中的重要性。这个老师的教学风格比较强势，很少鼓励，经常批评，对学生是一种居高临下的姿态，而且说出来的话句句戳你的心，几乎都是反问甚至诘问，气势压人，我在他面前整个人都不好了。我最不喜欢的就是这种压力和气氛，而且那会儿又小，从来也没有经历过这阵势的教学，我那一点点可怜的自信心就被这么无情地磨掉了，也不愿再弹钢琴了。

那段时间妈妈督促了我几次，后来也就不再让我去上课了，也不再督促我练琴了。后来和妈妈聊起这些事情，妈妈说她知道我不再弹琴是因为这个钢琴老师伤到我了，所以就尊重了我的选择，没有再逼我。她还说还有几节课没上，也没去退钱，算是花钱买教训了。

我来到国外后，上了国际学校，还是觉得应该学点什么乐器，学校里每天下午放学后都有各种兴趣班可以上，我选了半天，感觉最感兴趣的还是钢琴，就把扔下两年多没弹的钢琴又拾了起来，非常开心，这里的老师说话柔柔的，给我们的都是鼓励，而我从内心又开始喜欢上弹钢琴了。

当然如果我能从小一直坚持练下去，我的钢琴弹得肯定比现在好很多，虽然现在重新拾起，但想达到比较高的水平确实是有难度的，不过我不后悔当初的放弃，一是因为那是我小时候自己做的比较果断的决定，二是因为我放弃的是让我不开心的事情。而现在，虽然我还达不到多么高的演奏水平，但是弹琴已经成了我的一种享受，我喜欢这种感觉。

自制电影被封禁

在很多论坛和社交平台上，经常会出现这样一种类型的主页，往往只面向某一群体的学生，提供可以在这个群体内匿名发布自白和秘密的机会。当人们的自白上交给主页管理者以后，由主页管理者选择哪些内容可以发布在主页上，在不伤害别人名誉的情况下，让人们浏览那些不可思议的糗事。这种主页常常叫作confession，而confession是自白、坦白的意思，因为管理者已经把不恰当的内容筛选出去了，所以闲暇时看看别人的热闹或者自己也上去留言坦白一番，倒是很好玩的，权当是看一些真实发生的笑话，并没有什么问题。

但是，总有一些意外。

十年级第一个学期的时候，在Instagram上出现了我们学校的自白页面，不过我们都不知道是谁创建的。这无疑引起了我们的注意，自己学校的笑话百科，感觉更亲切一些。

然而，很快，事情就向相反的方向发展了，速度极快。

这个页面的所有者完全没有做到他（她）应该做的，使得显示出来的贴文内容越来越不对，不是在讲自己的糗事和笑话，而是在说别人的坏话。虽然贴文中提到的人名，每个字母都被“*”代替了，但是我们学校毕竟人少，根据名字中字母的数量和贴文中的线索，大部分情况下我们都能猜出贴文指的是谁。

在这样的平台上，因为发布者是匿名的，所以没有人需要承担后果和责任。这种放任使得人们可以肆意进行网络霸凌，平台上出现了大量对个人或群体的敌视言论，甚至有某某和某某在厕所里做苟且的事情之类的贴文。这类贴文没有人知道是真是假，但一定会引发人们的好奇心，所以无论真伪都会对他人的名誉造成负面影响，对心理造成伤害。

这让我们很吃惊，也让我们的心里很不舒服。因为发那些贴文的人和这个页面的创建者都一直在身边，可是我们却不知道是谁，这让我们不寒而栗，就像我们知道身边有“鬼”却看不见，不知道什么时候会被“鬼”害一样。看来，不论在什么环境下，什么样的人群，人性中黑暗的部分都是一样的，美好与邪恶总会相伴而生。

令人欣慰的是这个页面很快就消失了，据说这是因为学生们看不下去而不断举报的结果。看来，绝大多数人的价值观取向和是非善恶的判断标准还是可赞可叹的。对于这样的结果，我们都额手称庆。

这件事过了一段时间后，就到了我们学校的艺术周，有一个微电影的比赛，主题是“memories”，也就是回忆。

这样的机会对于正在学习Media（媒体）的我来说自然不会错过，于是我和另外三个同是学媒体的朋友Liann、Jeffrey 和Austin 打算一起参加这个比赛。

首先是选择题材。我们之前拍的电影基本上都是纯娱乐性质的，随着年龄增长，就想尝试一下不同的风格，我提议拍点有意义和深度的题材，像反映人性或者社会问题之类的题材。然后我就想到了那个自白页面，它就是一个发生在我们身边的问题啊，如果用电影的形式重现，引起更多人的反思，未必不是一件好事，不但会避免类似的问题再发生，也可以树立一个用电影的手法引导学生思考的案例。他们三个人一致同意。

其次是剧情设计。为了在限定的时间里更好地表达观点，夸张和戏剧性的表现是必须的，我们便以这件事为背景虚构了一个故事。因为比赛的主题是回忆，所以我们设计的故事情节采用倒叙的方式，以受害者男朋友的视角开始，用他的回忆来讲述剧情。回忆则以两个角色的故事线进行，一个角色是受害者自己，主要用于表达这个自白页面对人尤其是女孩子造成的伤害，引起观众同情；另一个角色是看热闹不嫌事儿大的旁观者，结果自已也成为了被攻击的对象，想反击但没有用，最后陷入迷茫和绝望，这个角色是为了告诫那些旁观的观众，看热闹不代表自己不会受害，在一个霸凌事件中，我们都是参与者、受害者和加害者。

然后是拍摄。拍摄过程还是很顺利的，演员就是我们自己，我们还邀请戏剧老师来客串。没有对比就没有伤害，拍完戏剧老师的镜头，我们都惊呼“专业的就是厉害”，一遍就过，非常入戏，反观我们的演技，不录个十到二十遍，连看都没法看。

最后是后期制作。这次的题材对我来讲还是比较有挑战性的，因为电影时长有所限制，所以内容既要精炼准确，还需要考虑角色情感的表达，而感情和气氛的塑造是需要时间的，为此剪辑时我删减了不少片段。

剪辑完成以后需要添加字幕，如果只是参加学校的比赛，只做英文字幕就可以了，但是考虑到这个电影要给父母看，就做了中英双语的字幕，免得给父母翻译、解释时太过麻烦，结果配上双语字幕以后，感觉电影的档次都提升了，甚至让我有种专业制作的错觉。

后期制作比较好玩的是配乐部分，在影片中出演受害者男朋友的Jeffrey是学音乐科技的，我便怂恿他做配乐，他非常爽快地答应了，我们俩配合得也非常默契。基本上是我剪好一部分后就把影片发给他，并给他解释我想要的配乐效果，也会发给他一些相近的音乐让他参考，而他就趁我剪下一部分影片的时候编曲，这样整部电影的配乐都是由他原创的，之后他还一直调侃他“爆肝”爆得发际线都变高了。

电影制作完成以后，我们几个人都感觉非常好，一些同学看过后也都觉得不错，还有一个同学说这个影片触动到他的内心。当我把影片发给我们的媒体老师时，我们也都心怀忐忑，担心学校不让播，结果就真的不让我们的影片公开播放，但是可以参与评选。可是不播放怎么知道影片的好坏呢？怎么评选呢？最后老师干脆取消了这次比赛的影片展示环节，可能因为参赛的作品也没有很多，后来比赛结果也不了了之。我们都开玩笑说我们拍的电影直接毁了这个比赛。

我们的电影被禁播，并不是学校不让我们说话，而是我们的电影在处理手法上还很幼稚，影片里非常醒目地用了我们学校的名称，太过真实，学校担心会再次伤害到那些曾经受过伤害的人，另外毕竟不是什么光彩的事情，虽然是个别学生所为，但是传播出去对学校的名誉多少会造成损害。现在想想还是非常可以理解的。

虽然我们的电影被禁播了，但戏剧和传媒部的老师们都表示很喜欢我们的创作，并且对我们的电影给予了很高的评价，说她们都给我们的电影投了票，虽然最后没有什么结果，但老师们的评价也让我们感到开心。

最好玩的是我妈妈说她看了我的影片之后居然哭了，感动到她了。

其实不管在哪里，人性都是一样的，这件事本身可以算是现代社会的一个缩影。在虚拟的网络环境中，因为匿名，根本不需要承担责任，这就使网络霸凌比现实生活中的霸凌更容易发生，这也是网络一直存在的弊端，而我们能做的就是不让自己成为那样的人。

挑战周之日本旅行

2019 年的挑战周是在我十年级的最后一个学期，当时在选择挑战周活动项目的时候，一个去日本的旅行吸引了我，因为我对日本的文化和建筑很感兴趣，况且我还是一个资深动漫迷，所以我选择了去日本旅行的项目。当然，出国旅行，费用都是自费的。

因为参加这个项目的同学来自很多国家，并不是所有的同学都需要办签证，有的同学可以免签入境，有的可以落地签，所以学校不负责统一办理签证，但是可以为需要办签证的同学提供相关的文件。而我必须去日本大使馆办签证，可能因为我年龄还小，所以大使馆要求的资料非常严格，要求学校提供的信件必须有校长和相关责任人的亲笔签名。

我们的行程活动范围只在东京附近，而我们的旅馆则在新宿。

早就听说日本的旅馆比较小，但是没有想到会小到那般地步。我们的房间小得刚好放下两张上下铺，然后就没有多余的空间了，而且上铺连坐着都不可能。本来以为其他人的房间也和我们的一样，结果发现只有我们这栋楼的房间小，不和我们在一栋楼的房间都比我们的大不少也舒适不少，而住小房间的只有我们这个房间的几个人，我们大呼不公平。可能是因为那个旅馆没有做好安排，接待能力有限吧。这一次的住宿体验，让我感受到狭小的空间真的能影响人的心情，我们感受到一种难以名状的压抑。

隔天早上，我们去参观一个机器人公司和一个叫Digital Hollywood 的大学，估计是资金的原因，所以参观的公司和大学都不是顶尖级的，有些无聊，有的老师自己都睡着了。不过这个大学倒是比较有意思，它专注于做动漫和影视方面的项目，我们也稍微窥见了日本动漫行业的产业链。

下午，我们参观了明治神宫和涩谷的十字路口，看到了东京传统和现代并存的一面，我也是第一次看到那么大的鸟居，而明治神宫走道两边的树木皆是参天巨木，茂密的枝叶几乎遮住了整条走道，很有想象中日本的气氛。

我们也去了著名的浅草寺，那是东京最古老的寺庙，庙前有一条很长的街道，两边都是各种店铺。但是我们老师规划的行程有问题，只给了我们一个小时的时间逛寺庙和店铺，我们只能匆匆买了些纪念品，然后就进入庙里，寺庙里可以求签，几个朋友各求了一支，还有人拿到大吉的签，就开心的很。

本来我们还计划去富士山，但是不知道什么原因被取消了，可能是因为我们去的时候刚好赶上日本其他地区地震，以防万一吧，当天就只在箱根附近的景点转了转。去日本不看富士山，这让我们感到非常遗憾。

品尝当地的美食应该也是旅行的一大乐事，对于我们这个年龄的吃货来说，更是如此。总的来说，我们在日本吃的饭都挺好吃的，虽然很多都类似于火锅。

日本的寿司世界闻名，在马来西亚我们也经常吃，到了日本一定不能错过吃地道寿司的机会。所以当有一天晚上我们自由活动，有机会在一个商场里吃饭的时候，我就和几个朋友商量，来日本总要吃一些地道的寿司和拉面，但是我们不想花太多钱，也不想吃了寿司没肚子吃拉面，或者吃了拉面没肚子吃寿司，所以我提议先去一家寿司店，品尝各种寿司，但是我们不吃太多，然后再去吃拉面。提议一致通过，我们就开始行动了。

想吃地道的寿司，当然要进好一点的寿司店，价格肯定也要贵一点，老师分给我们的钱肯定不够让我们吃饱，如果我们只是品尝一下各种寿司的味道，然后再去吃便宜的拉面，肯定既能吃饱又能吃爽。

事实证明，我的提议是很英明的。我们在寿司店点了两大盘各种寿司的混合，的确很贵，但也很值得。明明只有生鱼和米饭，但就是特别好吃，真的有种吃了日本当地的寿司就不想吃其他地方的寿司的感觉。

寿司好吃，但还不足以填饱我们的肚子，所以吃完寿司后我们又找了一间卖荞麦面的店，一人一碗面，刚好花完剩下的钱。

这一趟旅程中我们最期待的是去秋叶原，那里的手办、动漫人偶等真的是太丰富了，价钱也算合理，看得我们眼花缭乱，沿路我们也看到了各种各样的主题咖啡厅，还看到了穿女仆装去上班的小姐姐们。

整体来说，这次的日本旅行是一次很好玩的经历，只是学校找的旅游公司不是很好，安排的行程让我们特别无语，有些地方时间安排得过于紧凑而没有玩尽兴，有些地方又安排得过于松散而浪费时间。

我们一共有 50 多人参加了这次旅行，虽然带队的老师不少，但他们带队的经验明显不足，这么多人要一起行动，没有一定的经验和办法就会搞得他们也累，我们也累。

学校组织我们到日本旅行的活动真的非常不错，我想以后还会有更多到其他国家的活动。在学校里和同学一起出国旅行是一段很难得的经历，但是因为我已经升入高年级，所以没有再参加挑战周活动的机会了。

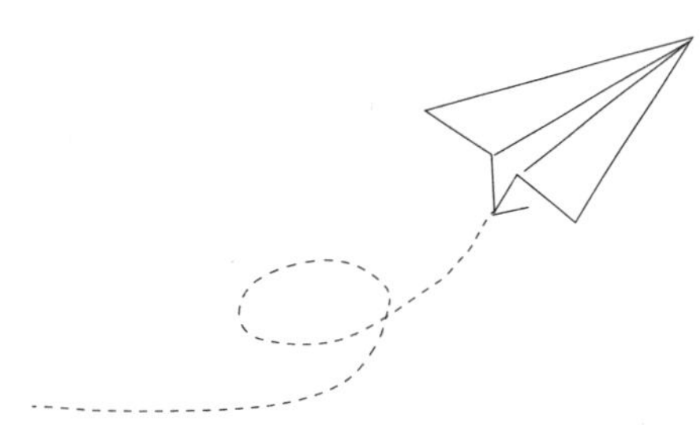

宠物篇

收养小猫

在马来西亚，可能是因为宗教的原因，猫是纯洁的象征，所以马来人对猫可谓情有独钟，马来人家里的宠物基本上也是非猫莫属了，也是由于这个原因，马来西亚街头的流浪猫特别多。

东马有一座城市叫古晋（Kuching），“Kuching”是马来语，就是猫的意思，古晋的城市标志就是一只可爱的白猫，我和爸爸还在那座城市里斗过诗。

布城马来人居多，所以家门口经常会有一些流浪猫过来讨吃的，有成年的猫，也有那种还比较小的小猫。小孩子都喜欢小动物，我也一样，看到这些猫，尤其是小猫，就非常开心，不止一次表达过想要养猫的愿望，可是我妈总像没听见一样。

想想也是，平时我住校，父母又不能一直待在这里，所以顶多也就是猫来了给喂喂食，再逗它们玩会儿。曾经先后来过两只小猫，喂了几天后就不见了，不知是被别人抱走了还是怎么了，虽然比较可惜，但我也无能为力。

去年放暑假的时候，有一天早晨我沿着湖边跑步，在路边的公厕旁发现了一只大花猫和四只小奶猫，小奶猫看上去估计不到一个月大，有两只橘色的、一只黑色的和一只小花猫，看它们那么小，那么可爱，真的很想抱回去，但是猫妈妈在看着，而且这数量也有点多，所以就放弃了，没再管它们。

几天后我再跑步的时候，发现就只剩下那只黑色的小猫和那只小花猫了，我估计大概是被别人给抱走了。那两只橘色的小猫更可爱一些，所以就被抱走了，奇怪的是猫妈妈也不在了，我在周围转了一圈也没有看到猫妈妈。

如果是这样的话，那这两只小猫就很可怜了，我想把它们带回去，即使养不了多久，至少也好过住在公厕旁，虽然这里也有好心人喂食。我担心猫妈妈只是出去了，如果我把小猫带走了，猫妈妈回来看不见自己的孩子会很伤心，所以我这一次还是没有带走小猫。

回家后我就跟妈妈说想要收养这两只小猫，因为它们太可爱了，也太可怜了，可能猫妈妈也被人领走了。妈妈答应第二天和我再去看看，确认一下是不是真的只剩下这两只小猫了，如果是真的，那就把它们抱回来，现在正好是暑假，可以多养些日子，等它们长大一些，即便我们不在家，他们也具备独自生存的能力了。

第二天我们就骑着自行车过去了，果然还是只有这两只小猫，看到它们孤单地喵喵叫着，我和妈妈决定把它们带回去。

我们当时带了几个袋子，把小猫装在袋子里，可是它们有一种本能的抗拒，一直挣扎着想往外跑，我们费了好大的力气才把它们带回家。

带回家第一件事是给它们洗澡。虽然这边的公厕也都很干净，但是它们毕竟是在厕所旁边长大的，应该从来没有洗过澡，所以身上还是有臭味的。猫是怕水的，所以给小猫洗澡很费劲。

洗完之后，我就用我的外套把他们包起来，放在腿上，可能是因为小猫还小的原因吧，稍微抚摸一下它们，它们就很享受地发出咕噜咕噜的声音，在我腿上一下子就睡着了，看它们睡得那么香，实在不忍心吵到它们，就让它们趴在我腿上待了一个多小时，我都出汗了，最后还是忍不住把它们放到了地毯上，神奇的是，把它们放到地毯上之后，它们竟然接着继续沉睡……

到底是小宝宝级别的猫，居然这么贪睡，可能是因为之前它们过得太辛苦，从来没有享受过这么舒适的睡眠环境吧。

因为它们还太小，所以一般的猫粮它们不吃，我就趁它们熟睡的时候到家附近的商场里买了一些给幼猫的猫粮和奶，结果发现这些猫粮对它们来讲似乎还是有点硬，它们不喜欢吃，不过它们喝奶倒是喝得很开心，看来它们应该都还没有断奶，猫妈妈就不见了，难怪有的时候这两只小猫还会互相吸吮对方的肚子，好像是在相互满足它们想吃奶的欲望……

睡足吃饱后，两只小猫就开始撒欢了，在屋里面到处乱跑，我往地板上扔个瓶盖也会引得小猫好奇地玩半天，两只小猫还相互捉迷藏。看着两只小猫玩得那么欢，我心想：幸亏把两只小猫一起抱回来了，有个伴儿，不然就一只小猫的话它得多孤单啊。

虽然我一直希望养一只猫，也很喜欢陪猫玩，但是真正收养猫以后才发现养猫并没有那么简单。

我遇到的第一个问题就是它们的大小便问题。我发现小猫一旦在一个地方尿了第一次，之后每次都会跑到那个地方尿，拦都拦不住。

发现这个规律后，我就特后悔，光想着逗猫玩了，忘记了训练它们拉尿的习惯，应该一开始就让它们在卫生间活动，等它们在卫生间排泄过一次后，再放它们出来玩，那样它们就不会随地大小便了。所以晚上睡觉的时候就把它们关到了厕所里，当然在厕所里也给它们准备了松软的地垫，可以躺在上面。

仅仅过了一个晚上，因为它们的排泄物，厕所里的味道变得很大。我赶紧到宠物用品商店买了猫砂和猫砂盆，顺便把其他相关的产品也一并买了回来，比如给猫剪指甲用的指甲剪，给猫洗澡用的洗澡液等。

用上猫砂后，发现就算有了猫砂，家里的味道还是挺难闻的，一定要清理得非常及时才可以，我很快就觉得麻烦了，看来可爱的动物只能欣赏一下，玩玩而已。

唉！我这才养了几天，那些家里养很多只宠物又养很久的人，他们得多勤快啊，突然间我佩服起那些人来，觉得他们好有耐心。

后来我们就把那两只小猫放到屋外面养，头一两天的时候，小猫会到处跑去玩，晚上的时候跑回来，但是过了两天，他们就再也没有回来了。

我们推测它们应该是被别人抱回家了，它们还小，应该不会跑太远，所以不大可能有什么意外，尤其是在一个爱猫的国家。但是因为之前自己上心地为小猫准备了很多东西，而且还没有玩够，所以心里还是挺不舍的，也有点伤心。但是转念又一想，反正我们也不能真正地收养它们，让它们被有能力的人家抱走也未必不是件好事，这样一想，心里就好受一点了。

后来发生的一件事，证实我们的推测是对的。

小猫走后一个多礼拜，有一天我们家一下子要招待四十多个客人，客人里有几个小孩子，爸爸妈妈忙着招呼客人吃榴梿，也顾不上那些孩子，而我那天刚好“躲”出去了。因为我爸爸整天给我做广告，我感觉压力很大，不想一下子面对他那么多的学生。

非常神奇的是，那两只小猫不知道从哪里神不知鬼不觉地冒出来了，它们又回来了！

妈妈说，有了这两只可爱的小猫，孩子们开心极了，都围着小猫玩，男孩子就拿着逗猫棒和猫玩，引得大人们也都过去围观，孩子们都不愿意离开了。后来我妈妈开玩笑地说，这两只猫替我履行了“儿子”的责任，我没有帮她招待小客人，反倒让这两只小猫去招待，就像报恩一样，我没有白收养它们。我爸爸也感慨地说，养儿子还不如养猫。嗯，他总是喜欢这样挖苦我……

但是隔天它们又不见了，直到现在我们也没有再见过它们。也许它们已经长大了，我们即使再见到它们，也认不出来了。

不过小猫“探亲”这件事让我们知道，小猫应该是被我们的哪个邻居给抱走了，而且它们两个还活得好好的，并没有忘记我们，这也算是一段奇妙的经历吧。

那只小猫跟着我们回家

我收养的小猫不再回来以后，大约又过了一个多星期，我们有一天晚上出去散步，在我们家对面一个社区中心的广场上，看到了一只橘色的小猫。

小猫看到我们就喵喵叫着，我蹲下来用手抚摸了它一会儿，然后继续散步，而它像是认定了我们似的，一直跟在后面，就这么一路跟到了我们家。

我们觉得很有意思，一路上看着它跟在我们身后跑，很奇怪，不知道是我们跟它比较有缘，还是我们比较招猫喜欢，我们一路嘻嘻哈哈地揣测着，就把小猫领回了家。

当天晚上太晚了，没有来得及给它洗澡，所以就先把它放在屋外面，想第二天早上给它洗了澡，再放它进来。

第二天早上我刚醒，我妈就把那只猫带到了我房间。她告诉我说六点的时候她听到外面猫叫得很大声，开门出去发现外面有一只大猫在跟它打架，大概是争夺地盘吧。我们家门口总会有几只成年的猫在蹲守，它们以前也打过架，现在都能和平相处了，只要我们在家，总会给它们喂食，这大概也是这些猫愿意蹲守在我们家门口的原因吧。

现在是大猫和小猫打架，虽然小猫毫不示弱，向大猫展示着自己的威风，但毕竟力量悬殊，我妈一看这样下去不行，说不定小猫会吃亏受伤，就把大猫吓唬跑了，然后把小猫抱了进来，给它洗了个澡，送给了我。

我赶紧把它用毯子盖起来，同时轻轻抚摸它的毛发，算是给它一些安慰，让它有安全感。小猫小的时候大概都很粘人，一直往我身边钻……

在我以为我又可以有一只小猫养的时候，它又不见了。

那一天晚上我们照常出去散步，这只猫也跟着我们出来了，我们一开始也没有走远，就是在小区里转转，小猫就跟着我们转，后来它在一个地方停下了，这时正好有邻居开车回来了，就停在小猫停下的地方。

后来我们想到小区外面散步，可能会走的比较远，就不想带着它，它以前跟过我们一次，走到半路我们又把它送回家门口了。这一次看它在那里停下了，没有再跟上我们，就没有去管它，以为它会自己回到家门口。可是等我们回来，没有发现它，第二天早上也没有见它回来，后来它再也没有回来。也许那个时候在小猫跟前停车的邻居把它抱回家了……

这样算来，我已经给这个社区贡献三只猫了，而且都为它们洗干净，也剪了指甲，感觉我都快成猫界的中介了。

被猫抓了以后

虽然收养的小猫都离开了我们，但是我们家门口还是会有很多的成年猫在蹲守，最多的时候，同时会有四五只猫。

有一次爸爸在逗猫的时候被猫抓了一下，妈妈给他做了一些消毒处理，然后就很自然地聊到狂犬疫苗，因为爸爸在这方面是一个非常谨慎的人。我就说没事儿，我之前也有被猫抓破皮的时候，还给他们看我被抓过的抓痕，结果我爸爸看过以后，非要我去医院打疫苗，于是我们开始了一场寻找狂犬疫苗之旅。

其实我觉得没那么严重，毕竟不是被咬伤，只是被抓破一点皮，也没有流血，而且也没听说过马来西亚有狂犬病，但是我爸爸坚持要我去打疫苗，他的意思是关乎人命的事不能赌，打疫苗就是为了以防万一。我拗不过他，只能同意。但是我需要去找能打疫苗的地方。

我在谷歌地图上搜索我家附近的诊所，打过电话去询问，诊所里都没有疫苗，最后我们就直接跑到了最近的医院。

事先我们知道这个医院是政府设立的医院，但是来到这里还是有点儿吃惊，因为医院里所有的标识都只有马来文，进去之后我们完全不知道该去哪里，研究了半天也没有搞懂这个流程。我们尝试着去咨询台咨询，按照流程走了几步以后，结果发现并不对。

不过在马来西亚总会遇到热心人帮助。妈妈碰到了一对华人老夫妇，就向他们询问如何打狂犬疫苗的事情。他们也不清楚该怎么办，在马来西亚很少听说狂犬疫苗什么的，但是他们毕竟是当地人，知道该去问谁。

他们带着我们来到门诊外面的一个咨询处，他们咨询了那里的工作人员，告诉我们可以到附近一家比较大的社区诊所，那里有疫苗，而张贴在墙上的宣传海报上就有地址。那对华人老夫妇很热情，担心我们找不到地方，想要陪我们一起过去，我们实在不好意思再麻烦他们，他们本来也是身体有恙，所以婉拒了他们的好意，自己开车跟着导航过去了。

一路顺利，到了诊所需要挂号排队。在分诊的时候，当我说是因为被猫抓挠过、担心狂犬病而想打狂犬疫苗时，小护士一脸迷茫地看着我们，似乎不是很明白，随后他们找来了一个会中文的印度裔护士，虽然她中文很好，但是当我讲到狂犬疫苗的时候，她似乎也很意外，解释说我们这种情况极少见。不过总算是说明白了，然后就给我做好分诊了。

我们按照那张单子上面的号码，来到相应的诊室外面等候，护士给我单子的时候，我听她讲要去扫描一下什么东西，但我不是很明白，就没有当回事。结果在诊室外面的座椅上等了半天，也没有在屏幕上看到我的号，可是排在我后面的人都进去了呢，我发现好像有什么不对，就赶紧趁着就诊的人出来的时候去问医生。

原来我们需要先拿着手里的单子到候诊厅旁边的一个机器上去扫描一下单子上的条码，这样医生那边的电脑才会显示这个就诊者已经在候诊厅等候，可以安排叫号了。我们恍然大悟，赶紧去扫码……唉，白白浪费了那么久的时间，看来语言不通的时候，如果又不在意，真的会遇到麻烦，在这种公共场合，工作人员提醒的每一句话都不是多余的。

就诊的人并不多，所以很快就轮到了我们。医生是一个比较年轻的印度裔女孩。我跟医生说我们担心会染上狂犬病，所以想打疫苗，结果她直接告诉我们不会染上狂犬病，目前外面没有狂犬病出现的信息，所以不用担心。她也询问了我一些问题，看了我胳膊上的抓痕，说即便需要打狂犬疫苗，也已经过了最佳时机了，超过 48 小时再打疫苗就没有意义了。

其实之前我在网上了解过，马来西亚是没有狂犬病的，现在看来应该是真的。为了避免尴尬，我连忙跟她解释，在中国如果被猫狗抓伤、咬伤，是需要打疫苗的，所以以为这边也需要呢。

就这样，我们用了一下午的时间结束了这场打疫苗之旅。我说是浪费了一下午的时间，但是爸爸却说，这不叫浪费，因为经过这次折腾我们确认了这边没有狂犬病，不需要打疫苗，心里就踏实了，不然总有一种侥幸的感觉。这也有道理。

回想起这次经历，回想起那些工作人员一脸迷茫的表情，我还是感觉有点儿哭笑不得。

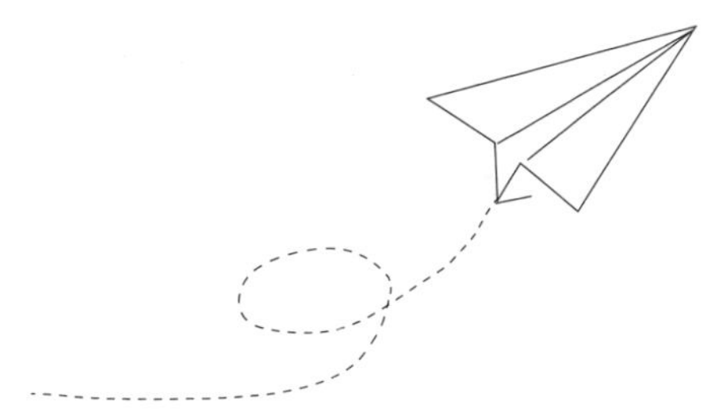

大马生活篇

英文版密室逃脱

我九年级最后一个学期的时候，姐姐放假以后飞到了马来西亚。

有一天我们三个一起到吉隆坡办事，办完事就在KLCC里的商场吃饭，马来西亚有很多美食，商场里会有很多吃饭的地方。我们边吃饭边讨论，吃完饭再找点什么节目玩，因为我们家住的地方离吉隆坡有点儿远，大概30公里，来一趟不大容易。

这家商场里有一间密室逃脱，我和姐姐都对密室逃脱很感兴趣，在国内的时候和她一起去玩过一次，但是那个时候我还比较小，没有什么深刻的印象了，只是觉得挺好玩的，这一次来个英文版的密室逃脱应该也不错。所以我们决定去走一趟密室，看能否顺利逃脱。

和老妈在一起，我们当然很期待老妈也一起参与，毕竟人多了好玩，而且有些项目也必须是多人。老妈一开始是非常拒绝的，她讲自己都这个年纪了哪里还玩得了，不过在我和姐姐不断地软磨硬泡下，她最终同意和我们一起去体验一次。我们也和老妈开玩笑，说她真正的人生才刚刚开始。

这是我们第一次和老妈一起玩密室逃脱，还都是英文的，所以我们选择了难度不是很大也不是很恐怖的项目。尽管如此，老妈还是全程一脸懵。

虽然她一下子看不懂那么多英文，但是会根据她的人生经验给我们提出建议。还好，我们选的项目难度比较低，在规定的时间内成功逃脱了。看起来老妈的体验还不错，从密室里钻出来后，她表示自己又年轻了一回。

看来，以后还需要经常带她去玩一些新奇有趣的活动。

爷爷奶奶在大马的生活

我们到了马来西亚以后，爸爸妈妈也给爷爷奶奶办了依亲签证，他们也可以在马来西亚常住了。

他们来的时候正好是2016年的冬天，快过年了，所以2017年的春节我们是一起在马来西亚过的。过了年以后，姐姐飞回美国去上学了，爸爸妈妈也回国处理他们的工作去了，在马来西亚就只剩下我和爷爷奶奶了，但是我平时上学的时候住在宿舍里，家里就只剩下爷爷奶奶了。

这其实也挺难为爷爷奶奶的，他们那么大年纪了，语言又不通，完全要靠自己。好在当时买房子的时候考虑到这个问题，附近就有一个很大的商场，里面有超市，基本生活用品都可以在超市里买到，而且小区外面可以环湖散步，环境非常幽静，环湖的路只是步道，没有车辆通行，偶尔会有摩托车经过，还是非常安全的，到商场也不需要穿越马路，环湖散步的时候就可以到达商场。

那段时间周末我极少回去，因为周末回家需要家长去宿舍接，我的爸爸妈妈都不在，所以没有办法回家，只是偶尔会回去，因为我要回家的话必须找监护人过来接我，比较麻烦。当然事先要征得父母的同意和宿舍家长的批准，这一切都是通过一个软件系统完成的，这倒是非常方便。

我当时入学的时候除了要填写父母的信息以外，还要在当地找一个监护人（Guardian），可以是本土的人，也可以是其他孩子的家长，只要能常住马来西亚，联系方便就可以。我的监护人是我爸爸的一个学生，她是马来西亚华人，她有两个干女儿也在这间国际学校读书，所以她若过来接她两个干女儿回家的时候，我就会让她把我也一起送回家。

后来我的舍友Jeffrey 从美国回来了。他和我相处了一个学期后，因为他父母到美国做访问学者，就到美国学习了一年。回来后他们家住在IOI City Mall 附近，离我家不算远，也算顺路，所以他父母来接他的时候就一起把我送回家。

我爷爷奶奶在这儿住的时候，有一个周末是监护人送我回的家。那天晚上很晚了，我突然感觉有一点儿饿，就下楼找东西吃，晚饭我是在学校吃的。

结果打开冰箱，发现冰箱几乎是空的，我之前存的巧克力也不见了。

我的巧克力咋不见了呢？家里除了爷爷奶奶以外也没有其他人。我便传信息问妈妈，问她走之前有没有动那些巧克力，是不是她带回国了。妈妈说她没动，也没带回国。妈妈还和我开玩笑说是不是我吃光了却忘了。其实并没有，我还没有晕到这个地步。后来我突然想到可能是被爷爷奶奶吃了。

楼下并没有其他可吃的东西，巧克力也没有了，所以那天晚上我只好饿肚子了，妈妈安慰我说，有时候需要饿饿肚子，那样养生。

可我才十几岁，也要养生？大人总是会巧舌如簧地骗孩子。

一直以来，在我的印象里，爷爷奶奶平时都是义正辞严，对这种甜食表示不感兴趣的，说是吃多了甜食容易长胖，也容易长糖尿病，但是现在却把我的巧克力给吃了，说明大人的话有时候都是骗人的，比如网上流传的妈妈爱吃鱼头和鱼刺的故事。

我也不好意思再问爷爷奶奶，是不是他们吃了巧克力，也许他们也是像我一样饿了，没啥可吃的就把巧克力吃了吧。都说老人有时候像小孩儿，可能就是这样吧。

和其他老年人相比，我爷爷奶奶应该算是比较敢于挑战生活的人了。

听说他们年轻的时候为了供养我爸爸和我叔叔读书，就离开农村到城市做小生意了，我想这应该也不是所有的家长都敢去做的。这次到马来西亚生活，更是一次非常大的挑战，六七十岁的人了，到异国他乡生活，语言又不通，是需要很大的勇气的。他们只在这里生活了半年就回国了，爷爷说他们在这里没有老朋友，而且人总是要叶落归根的。

妈妈说他们敢出国生活已经很不简单了。对妈妈来说，让我爷爷奶奶独自在马来西亚生活是一件让她提心吊胆的事情，因为她国内还有事情需要处理，不能一直待在这边，她最担心的是万一他们身体有恙，而她不在这边，耽误了最佳治疗时间，她便成了我们家的罪人，无法跟家人交代。

但是我爷爷奶奶是那种非常注意身体健康的老人，因为他们平时也没什么事情做，所以每天都会出去锻炼身体，他们最喜欢的运动是甩鞭和打陀螺。

他们甩的鞭很长，我试过，不熟练的话会甩到自己身上。他们打的陀螺可不是市场上卖的那种小陀螺，而是我爷爷自制的大陀螺，好几斤沉，要用鞭子不停地抽它，让它保持旋转。甩鞭和打陀螺都是有技巧的，需要练习。

我爷爷会木工，很爱亲自动手，所以他们用的陀螺和鞭子都是爷爷自己制作的，他还喜欢送给别人。

有趣的是，我爷爷认为打陀螺和甩鞭是最好的运动，所以我每次去看他们的时候，爷爷总会拿出他心爱的陀螺送给我，告诉我他又改进了工艺或者更换了新材料。其实我家已经有他送的好几个陀螺了，他们来马来西亚的时候也是带着陀螺和鞭过来的，走的时候就留在这里了，国内的家里也有，但是我们都没有时间玩，也都不像他们那样有兴趣。

因为我不玩，拿走了反倒是浪费，不如留给他们，所以就不想要。

但是我爷爷听力并不怎么好，经常是我给他说了半天，他也没听清我说什么，而他说的方言我也听不懂。我奶奶就大着嗓门给他说："他不要，他不玩，你别给他了。"

大概听力不好也影响反应能力，虽然奶奶已经很大声了，但爷爷还是不能一下子反应过来，只是一脸疑惑地看着她，然后奶奶又重复了一遍。大概爷爷也很纳闷，为什么这么好的东西，我竟然不要。

这是几重代沟呢？不知道，也许等我老了才会想起玩陀螺，我爸爸还没想起来玩呢……

在东马游泳，老爸遭遇海胆扎脚

马来西亚国土主要包括两个半岛，中间被海隔开。海的西边是马来半岛，人们习惯称之为西马，海的东边就称为东马。马来西亚首都吉隆坡就在西马，西马人口比较多，经济也比较发达，但是面积没有东马大。都说东马自然景观很美，所以趁着过年的假期，我和爸爸妈妈一起到东马转了一圈，当时爸爸还带着任务，去考察东马最大的商超企业——实威（Seway）集团。

东马只有沙巴和砂捞越两个州，还有一个纳闽直辖区。因为我的假期有限，所以我们的行程只安排了沙巴的亚庇和砂捞越的古晋和美里。

到了沙巴，肯定得下一次海。爸爸忙完他的工作后，我们找了一天，坐船到附近的岛上，这边的海水清澈，真不是浪得虚名，自然环境是真的好。这么好的海水怎么能浪费？肯定要在海里游一次泳的。

我和爸爸兴冲冲地跳进海里，我戴着游泳眼镜，爸爸什么都没有戴，我便潜到水下观赏海底的风景，时不时地有彩色的鱼从我身边游过。游了一会儿，我往前一看，发现下面是密密麻麻的、一片片的海胆，那刺也是老长了。

我发现爸爸游在我前面，便马上从水下浮起来告诉他，底下一大片都是海胆，小心扎到脚。结果话音未落，只听得他一声惨叫，一脸痛苦地朝我这边游过来，告诉我他被海胆给扎着了，我哭笑不得，刚跟他说有海胆，他立马就被扎了。

他一瘸一拐地走上岸，无奈地坐在岸边的椅子上。这时走过来一个当地人，他看见我爸爸这么狼狈，便很热心地告诉他应该做些什么。爸爸不知道他说的是什么语言，我一时也没听懂他说什么。他见我们听不懂他在说什么，便模仿起小便的动作，示意我爸爸往脚上尿一泡就没事了，我当时差点没笑出来。

我爸爸一下子就明白过来了，马上就放心啦，连忙谢过人家，然后就去试“偏方”了……

果然有效。

和爸爸斗诗

去东马那一年，除夕那天正好是情人节，我们已经从亚庇飞到了古晋。

本来头一天我已经和爸爸妈妈约定好，情人节那天他们俩要好好休息一下，不准看手机，只准到楼上的茶室去喝茶聊天。

结果我的计划完全泡汤了，一大清早，妈妈就开始给爸爸修改文章，好像是爸爸之前写了新春寄语，晚上就要发布，不知道为什么一直拖到最后一天才让妈妈修改。

于是那个情人节就变成了妈妈在改文章，我和爸爸在房间里陪着她。

爸爸看了一会儿书，然后站起来走到窗前，窗外有山有水，景致极美，妈妈选的酒店还真是不错。

爸爸望着窗外美景，发了一会儿呆，竟然诗兴大发，在屋里悠哉游哉地踱着方步，开始赋诗一首，声情并茂地朗诵给我们听：

古晋过年

远看蓝天白云，
脚下城市山川。
想起小时乡恋，
异国他地过年。

见他如此炫耀，我打算打击一下他，便笑他做的是打油诗。他还不服气，要我也以同样的主题做一首诗，同时他又让妈妈帮他修改一下，要求妈妈给他改得优美一些。

妈妈那会儿应该还没有改完那篇文章，听他如此要求，便跟他打趣说："人家过情人节都是送鲜花，送礼物，你却给我送活儿……"

爸爸就说我妈妈不是一般的女人，礼物当然也不一样。

妈妈无可奈何，摇摇头，笑着对我说："儿子啊，我要是变傻了，就是被你爸爸给忽悠傻的。"

他们俩这种形式的打情骂俏在我们家已经是家常便饭了，我也见怪不怪，有时候还会火上浇油，坐山观虎"斗"，乐趣横生。

妈妈放下正在修改的文章，给爸爸的诗稍作了一下修改，韵味就多了一点：

古晋过年

抬眼望白云蓝天，
瞰窗下古城山川。
忆故乡情系乡恋，
看异国华族新年。

因为要挑战爸爸，所以我也一时兴起，来了兴致，诗很快就做成了：

古晋过年

卷帘晨曦青云间，
长空瞭望窗映蓝。
山峦俯瞰古城连，
风伴河川波粼远。
故时情月几回首，
乡忆昔日默黯然。
异国灯下听爆竹，
桔树满门漫步前。

当我把这首诗发在我们家的微信群里，感觉爸爸一下子被伤了自尊，一脸无奈，表示以后再也不写诗了……

随后爸爸把这三首诗发到他的朋友圈里，结果引来一大堆评论，比如"没有对比就没有伤害""青出于蓝而胜于蓝""还是儿子优秀"……还有人直接将三首诗进行了排名。哈哈，好开心，我终于有可以"打败"爸爸的一项技能了。

2019 年过年的时候，我们在金马仑高原度假。

金马仑高原是马来西亚的又一个避暑胜地，因为常年气温在 15 ～ 23 摄氏度之间，所以在金马仑高原非常盛行吃火锅。

农历大年三十晚上，我们在酒店附近的马来人火锅店吃火锅的时候，我爸爸又来了诗兴，作了一首诗，竟忘记了自己曾经说过的再也不作诗的话了。

老马作诗：

高原过年

度假避暑在高原，
马来火锅可御寒。
清净独处非孤单，
异乡深山也过年。

作为小马，我并不想再用诗词“碾压”老爸的自信，无奈老爸盛邀，也就信手拈来一首，算是一种尊重：

高原除夕夜

逸踏风清无暑处，
山高天静随悠闲。
夜临微冷寻温味，
便尝暖锅以祛寒。
林深山远几人闻，
早扫孤寂入飘尘。
除夕夜半渐飘渺，
他乡辞旧亦安然。

三次新加坡之旅

新加坡（Singapore）古时也称淡马锡（Temasek），Temasek 在爪哇语里是“海市”的意思，而Singapore 是梵语，翻译过来就是“狮子城堡”的意思，所以新加坡也叫“狮城”。“狮城”名字的由来，据传说是因为 14 世纪时，苏门答腊“室利佛逝王国”的王子在此地见到一头狮子，认为是吉兆而得名。大概因为这些原因，所以新加坡的标志物就是狮身鱼尾像，可以认为是结合了狮城和海市的意思。

“新加坡”在国际上是一个比较响亮的名字，大概因为其发达的经济和整洁优美的环境吧。

新加坡毗邻马六甲海峡南口，和马来西亚之间隔着柔佛海峡，国土面积不大，绝大部分国土就是新加坡岛，据当地人讲，从岛的一端开车到另一端，大概是 40 分钟的车程。但是这样一个小国，却吸引着来自世界各地的人们前去投资和旅游。

很多人都知道，新加坡是从马来西亚分离出去的，其实新加坡加入马来西亚联邦共和国只有两年的时间，从 1963 年 9 月到 1965 年 8 月。在此之前，新加坡刚刚脱离英国的殖民统治而实现自治的时间并不长。

我去过新加坡三次，第一次是跟团新马泰游的时候去的，那时我还小，只有 11 岁，所以很多记忆都淡忘了，但是鞭刑的印象挺深刻，是导游给我们介绍的鞭刑，说现在的确还有鞭刑，只是用得极少。那次去旅游之前，就听我爸爸讲新加坡法律的严格和鞭刑的恐怖，而且他还一直刺挠我，不断给我讲鞭刑的细节，好像他经历过一样，搞得我一直提心吊胆的，在新加坡玩的时候也是小心翼翼的。唉，想想都是泪啊，摊上这样的爹有时候真让我欲哭无泪……

虽然很多细节都已经不记得了，但是新加坡给我的总体印象还是很不错的，环境很好，很干净，各个方面都非常的先进。对于从中国出去的人来说，会感觉新加坡太小了，有点压抑。

第二次去新加坡是因为我爸爸的学生邀请他。他的学生是新加坡Mr.Bean Singapore 的老板。当时正值新年，我们学校也放假，我就一同跟着去体验了一下新加坡过年的气氛。

在马来西亚，马来人、华人、印度人这三大民族的传统节日都是全国的公共假期，谁的节日谁庆祝，其他民族就跟着沾光，我们这些做学生的当然也乐得有假放。

在新加坡，让我万万没有想到的是，这里的年味居然比中国还足，真的很有新年的感觉，街道上热热闹闹的，挂着满满的红灯笼。

我们还去了“春到河畔”的活动现场。“春到河畔”是新加坡从 1987 年起每个农历新年都要举办的庆祝活动，活动在滨海湾浮动舞台举行，是本地人和游客庆祝农历新年不可或缺的传统节庆活动。

活动现场满满的都是中国元素，异彩纷呈。送财添福的巨大财神爷灯饰，惟妙惟肖的中国十二生肖动物的灯饰，当然也少不了高高挂起的大红灯笼。

我们去的那一年正好是猴年，因此喜庆的猴子灯饰是主角。而有关猴子的神话故事自然就是《西游记》里的齐天大圣孙悟空了，所以以《西游记》为主题的齐天大圣灯饰和立体壁画灯饰非常引人注目。而激光烟花秀更是渲染了华人传统新年的喜庆气氛，真可谓是一场感官盛宴。

总之，在新加坡的大街小巷到处都弥漫着浓浓的新年味道。

我们也是在新加坡第一次体验了新加坡和马来西亚华人庆祝新年的独特美食：捞鱼生，也叫捞生或鱼生。爸爸的学生卢伯伯告诉我们，捞鱼生是一道祈求来年有好运、发大财的菜，吉祥意味特浓，已经是新加坡和马来西亚华人过年时必不可少的一道菜了。

捞鱼生以生鱼条为主食材，搭配各种有颜色的蔬菜丝及水果丝，据说每一种食材都有着不同的寓意。一堆堆蔬菜丝，摆在超大的盘子上，真是七彩缤纷、色泽诱人，然后洒上白芝麻、花生碎、五香粉、胡椒粉等。

一切准备就绪，所有人一起举筷子进行“捞生”前，再淋上特制的酱汁，这个酱汁是酸甜的，用什么调的我不清楚。然后有人喊开始，大家就同时用筷子将盘子中的各种材料高高捞起，捞得越高，来年运势就越好，而且边捞嘴里还不停地边说各式各样的贺年词句，如财源滚滚、万事如意、一帆风顺等，热热闹闹的气氛。

当时我们看到那么多不相干的东西拌在一起，生的蔬菜、生的鱼，还有油炸的类似麻叶一样的东西，配的酱又是酸甜的，对它的味道持非常怀疑的态度，不确定能不能吃得惯，结果品尝了这道名菜以后，我们立刻被它的味道所折服，想不到它的味道居然那么好。

据说最早的时候，捞生只是在正月初七那一天才吃的，现在已经成为过年期间大家聚会时必不可少的一道菜了，从年前开始，一直持续到元宵节。

后来我们在马来西亚也吃过很多次捞鱼生，味道好极了，但是“捞生”时说的那些吉祥话我还是晕晕地记不住，马来西亚华人都说得一套一套的。

第三次去新加坡就比较特殊了，如果说之前两次都是以游客的视角来看新加坡，这次就是以居民的视角了。给我们家装修房子的Zessie 阿姨，她是新加坡人，但是她在马来西亚开了一间装修设计公司，我们家就是她给装修设计的。她很喜欢我，就认我做干儿子。她经常邀请我跟她去旅行，但是因为时间总是冲突，所以都没有成行。直到有一次我们学校放小长假，爸爸妈妈因为国内有事情不能来马来西亚，而她要回新加坡，就问我要不要跟她去新加坡玩，刚好那个假期我也没有什么事，就答应了。

这趟旅程让我印象最深的其实是新加坡的公共交通设施，前两次要么坐大巴车，要么坐私家车，所以对公共交通设施没有什么概念。而这次我跟着干妈的侄儿和侄女在地铁和公交车站间来回穿梭，真的很佩服这些设施的便利程度，这也是他们十分骄傲的一点，马来西亚的公共交通就完全没法和新加坡比了。

不得不说，每个国家都会根据各自的国情发展特别的公共设施。新加坡因为面积小，人口多，所以公共交通的发展相对容易，而且非常必要；另一方面，新加坡严控私家车数量，一个举措是汽油很贵，另一个举措是停车位很贵，甚至比一般的车还贵。所以在新加坡，一般收入的人都会选择便捷的公共交通设施。

多付款还是少付款

我们家住在布城的太子湖畔，清晨我们可以沿着湖边的步道晨跑，以我的速度，大概 20 分钟就可以跑到首相府广场，那里是一个非常著名的旅游景点，大凡到马来西亚旅游的人都会到那里转一圈，看一眼那座绿色圆顶的建筑和粉红清真寺，就像到中国旅游的人一定要去北京看故宫和天安门一样。那个绿色圆顶的建筑是首相府，建筑风格比较独特，非常有标志性，我们根据其穹顶形象一度称其为“洋葱头”。

布城（Putrajaya）是马来西亚的联邦行政中心，也是一座兴建于 20 世纪 90 年代的新城。因为是新城，又因为是联邦政府办公所在地，所以这座城非常漂亮、干净、整洁，治安也非常好，白天和晚上都有警车不停地在巡逻，我们家门口就经常会有警车经过，甚至歇歇脚，和当地居民交流一下。

布城的绿化率很高，大约 70% 都是绿化地，其中 30% 是原始的自然景观，所以布城到处是公园，到处是美景，人口也不多，目前大概有 10 万人。

我有时候觉得马来西亚这边应该也是比较讲究风水的，不是因为我懂风水，而是感觉首相府广场周边的建筑布局像极了中国的建筑布局，讲究有山有水，没有水就造水。

布城太子湖就是一个人造湖，据说该湖是利用以前开采锡矿留下的废矿坑，人工改建而成的。恰巧太子湖从首相府前流过，首相府背山面水，粉红清真寺则在水上。也许这是巧合，但山和水好像是各族人们都喜欢的。

我们并不是每一次晨跑都要跑到首相府广场那里，因为跑到那里再跑回来太远了，爸爸妈妈的身体吃不消，所以我们经常会跑到一半的时候就改道，经过横跨太子湖的桥，到路边的一家小吃店吃早饭。这个小吃店当地人叫它“Gerai Mamak”，翻译过来就是“嘛嘛档”，食物都是很地道的马来西亚餐食，价格比较实惠，类似于我们国内的大排档。这边华人地区的茶餐室也和马来人的嘛嘛档有点类似，也比较便宜，只是以华人餐为主。

因为我们居住的地方华人极少，所以极少有华人餐，基本上都是马来餐或者印度餐。

那天我们又去那间嘛嘛档吃早餐，我们三个人一共花了 12 马币。一开始我们点了两张印度飞饼，后来担心不够吃又多要了两张，可能是因为那个时候给我们点餐的不是同一个服务生，人又比较多，他们没有及时更新菜单，所以最后结账的时候是按着两张饼的钱算的，付了钱以后我才发现他们没把另外两张饼的钱算进去。

我跟妈妈讲了这件事，想去找他们再付上相应的钱，结果她居然说：“算了吧！”

我一脸惊愕地看着她，心说：我妈什么时候开始占小便宜了？我妈不是这样的人啊！但看她一脸的淡定，我又给她解释了一遍，不知道是我没说清楚还是她老人家脑卡了，总之她还是一脸的迷茫，问我是不是应该向他们要回两个饼的钱？并说，要是那样就算了，不用要了。

见她误解成这样，我想她可能是一时脑卡没反应过来，我就给她看了账单，告诉她我们应该再多付两个饼的钱，不是我们多付了，而是我们少付了。

她盯着账单看了半天才反应过来，赶紧去跟人家解释清楚，把那两张饼的钱付了。

回去的路上我们边走边聊边笑，嘻嘻哈哈，开心得要命，我笑她，我们吃了四个饼，付了两个饼的钱，结果你说他们还要找我们两个饼的钱，你还让不让人家做生意了？

老妈也快笑疯了，她说她真的是一时间没反应过来，她还以为是我们多付钱了，所以就说算了，反正钱也不多，就当小费了。

嗯，这才是我妈的样子。

马来西亚的避暑山庄：福隆港

马来西亚一年四季的最高气温都在 32 摄氏度左右，但是山上的气温会比较低，比较凉爽。

吉隆坡周边有三大著名的避暑胜地：云顶高原（Genting Highlands）、金马仑高原（Cameron Highlands）、福隆港（Fraser’s hill）。我们合计着暑假的时候去感受一下这边的高原气候，体验一下这里的避暑胜地。可是去哪里好呢？

我提议去福隆港（Fraser’s hill)，因为云顶高原上的氛围并不清静，不适合生活，而金马仑高原有点儿远，刚好福隆港离这里不算远，还比较清静，符合我们所喜欢的条件。

我之所以知道这个地方，是因为我们那一年的IA 活动项目最后探险的地方就在福隆港，我提议到这边玩也是有私心的，我想先体验一下这边的气温，熟悉一下这里的环境，这样之后再去探险的时候就知道该准备什么衣服了，也算是一个熟客拜访了。

单只看“福隆港”这个中文名字，还以为是一座港口，其实是一座非常美丽的山。

从布城这边出发到山脚下仅花了两个小时，但是上山的路却花了一个多小时，这边的路应该修的比较早，都是沿着山势慢慢绕上去的，真是曲曲折折、蜿蜿蜒蜒，急转弯也特别多，路也不宽，只有上和下两个车道，但是快到山顶的时候，上山和下山就要走不同的路了，上山的路只能上山，下山的路只能下山，路窄，只能容纳一辆车。可能跟车流量也有关系，没有再新建大路。

坐车上山对我来讲简直是一种折磨，一直拐来拐去的，我都快虚脱了。不过，等车开到一定的高度后，我把车窗打开，清凉的风吹过，顿时感觉舒服了很多，可能是因为头一天刚刚下过一场大雨的关系，有一种久违的秋天的感觉。

总算抵达山顶上的小镇福隆港，这里的建筑物都有一股很浓厚的英国风味。

我在查阅相关资料的时候，知道这里的很多建筑物都是早期的英国人留下的，小镇广场中心那个最具代表性的钟楼是仿照英国伦敦的大本钟而建的，只不过上面密密麻麻地爬满了藤蔓，别有一种马来西亚的味道。

福隆港的英文名字Fraser’s hill 是以一位英国探险家的名字命名的，他发现了这座山，并在山上运营锡矿场，之后这里发展成为度假中心，有一段时间也成了英军的疗养院。

我们到达这里的时候快三点了，我们还没有吃午饭。

酒店有餐厅，我们在那里吃午饭。饭菜并不算贵，也都挺好吃，我们一边吃着饭一边欣赏着自然风景，周围十分的安静，连一点燥热的感觉都没有，即使此时是一天中最热的时候。

对于我们这种不喜欢热闹和喧嚣的人来讲，这个场所是极其完美的，我们一下子就喜欢上这个地方了。我们几乎同时想到，这里的环境很适合闭关写作，这边的网络信号也不好，几乎完美地屏蔽了所有的干扰……我们真应该早一点儿来到这里。

吃完饭，我们在酒店四周简单地转了转，然后准备回房间休息。

搭电梯的时候看到了一对老夫妇，他们身上穿着运动的衣服，手里拿着登山杖，一看就是要去登山的样子。我就跟我父母感慨，看看人家，年纪那么大了还很爱运动。希望他们将来也能这样。再后来，我们经常会见到三五成群的老年人，他们身穿运动装，大多是日本人。

福隆港还有一个特点，就是丛林中的步道特别多，而这边的自然环境又很好，几乎没有受到什么人为的破坏，所以很适合喜欢大自然的人和喜欢徒步越野的人。

也是因为自然环境保护得比较好，所以这里汇聚了 260 多种鸟类，吸引了很多爱鸟者前来观看、寻找、拍照，我们在后面的几天里经常会在路上看到手举相机的人。

我们去的那天，前一天刚刚下过一场比较大的雨，所以气温比较低，房间里不需要开空调就感觉到冷了，尽管我们有准备，都穿了厚一点的衣服。也可能是我们还没有适应的原因。不过查了一下温度，那会儿只有 19 摄氏度，实际上真的是很冷。

稍作休息后，我们开车把整个小镇转了一遍，一路上可以看到很多 Bungalows，一种在英国殖民时期留下来的房屋，都非常有特色和风味，转了一圈下来，我们都希望将来可以在这座山上拥有一栋这样的屋子，过一种与世隔绝的生活……

山上的网络信号极差，手机经常处于无服务状态。酒店里只有大堂有网络，房间里既没有无线也没有移动网络。这对于习惯了整天挂在网上的现代人来说，的确是个考验。

第二天早饭后，我们在酒店大堂里稍作休息，发现大堂里还有书架供旅客阅读，我便上前去看看都有些什么书，结果发现其中 80% 都是日文书，难怪经常在酒店里看到有不少日本老人，原来他们都是这边的常客，定期到这边来度假，打打高尔夫，散散步，过着很惬意的老年生活。看到这里，我们不禁感慨，他们比我们更会生活。好像很多中国人一辈子都在为活着而忙碌，没有时间停下来享受片刻。

然后我们开车去了这里的杰里亚乌瀑布（Jeriau Waterfall）。那天阳光明媚，天气非常好，气温也十分适宜，不像前一天那么冷，前一天那么冷的气温平时应该也不多见，因为那里白天的平均气温约为 25 摄氏度。

福隆港小镇人口不多，只有千人左右，生活还算方便，但是上山下山比较麻烦，车技不好大概不敢开车上下山，不过据说有公交车。

山不大，可游玩的景点也不多，但是风景很美。这里有一个著名的皇家高尔夫球场，球场东边有一个围场，可以去骑马，当然这些我们都没有去做。

山里有很多Trail，就是山上森林里的小路，或长或短，非常适合野外探险、徒步旅行，我们的IA 探险之所以选在这里，就是因为这里有这么多的Trail 可以利用。

在福隆港的几天，其实我们也没有做什么或玩什么，只是很随意地在这边生活了几天，也没有赶着要奔向哪个景点，想出去转转就出去转转，或者晚上去外边喝杯饮料，再坐上一两个小时，聊聊天，相互调侃一下，畅谈一下人生和梦想。

这种不急不忙的情调我们在国内几乎从未体验过，大概也是我们这种在城市中居住的人所最缺失的东西。

经历马来西亚大选

2018 年，马来西亚迎来了他们的大选。这次大选好像动静挺大的，当然也可能是因为我身在马来西亚，周围都是大选的信息和氛围，所以感受比较强烈。

2018 年马来西亚大选，主要是以纳吉为首的执政党“国阵”和以马哈迪领导的反对党“希望联盟”之间的较量。选举前，几乎所有的路上都挂着竞选的横幅标语，或者沿路插着党派的旗子，这个大选的氛围十分浓重，最后连我也在不知不觉间被带动，为此感到紧张和兴奋。当地的民众和我身边的同学更是都特别兴奋，因为这是自“国阵”成立以来，反对党第一次有很大的机会赢得选举。

本土人的热闹和兴奋可以理解，然而我爸爸也很兴奋，就让我觉得有点儿不可思议，跟他没啥关系啊！但他却说，他长这么大，既没有经历过选举，也没有投过票，甚至连看都没有看过，现在可以实地看到别国的公民投票，自然觉得特别新奇。好吧，我只能说他真像一个老小孩儿。

他们投票当天，我爸爸开车带我们到他们投票的地点去看了看。他说他很想冲进去体验一下，我赶紧让他淡定一下，不要冲动，看看就好了。这一届换届选举，当地人都很上心，在投票地，你会发现很多人都在三五成群地讨论着什么。

当天晚上我回到宿舍，基本上所有人都十分期待大选的结果，有的人直接守着线上的票数看，显得特别的激动和兴奋。

但是千万不要误会，我们兴奋是因为大选完了可以放假，而我们都盼着“希望联盟”赢，因为如果他们赢了，明后天我们就可以放假，放完假之后，紧接着是周末，这可是学生们盼望已久的事情。

对我们这些乳臭未干的学生来说，很难说的清政党之间的争夺谁是谁非，政治本身也不是简单的谁是谁非就能说得清楚的，我们能做的就是通过这些事情试着学会观察。

最后的结果是“希望联盟”获胜，90 多岁的马哈迪再一次成为首相，我们因大选凭空得到了假期，大家都高兴得不得了，同时也为见证了这具有传奇性和历史性的一刻而感到激动。

如此免费广告

我会写这本书的原因，很大一部分来自我爸爸给我做的广告。

自从他给我挖“坑”，促使我答应写书后，他讲课的时候就不断地给他的学生讲，他儿子要写书了，讲完之后还一直给我讲有多少人知道我在写书。为了给我营造紧张感，还刻意说我快写完了，讲课的时候把出书的日期提前了一年，我一做什么事他就说要给我增加广告剂量。我放暑假的时候，他来到马来西亚，几乎每天都要提几次，搞得我感觉自己快要心力交瘁了。

我本来就不是那种爱出风头的人，也不喜欢被太多人知道，更不想让别人知道我是马方的儿子，压力太大，而他正好用这种方式来逼我写书。我就想，如果我是那种喜欢出名的人就好了，肯定乐得屁颠屁颠的，可我不是这样的人啊，却被他拉上了“贼船”，下不来了。

他暑假来马来西亚度假的时候，他的朋友和学生也会到这边来，要么开会，要么学习，要么旅游。其中有几家在考虑让孩子到马来西亚读书或者一家都到这边定居，他们就会到我家，从我们这里了解相应的情况，并且想听听我在这边读书的感想。

我爸爸似乎很骄傲我在这边的学习和生活状况，其实他对我的学习状况了解得极少，他只是看了我做的几个视频，就佩服得不得了。我不知道他是佩服我还是佩服这边学校的教育方式，总之他看到我做的那些视频，就非常确定我受到了良好的学校教育，学习方式很好。这难道就是妈妈经常跟我说的，我爸爸能通过现象一下子看到本质？

唉！谁让我是马方的儿子呢？不愿意抛头露面也得抛头露面。

当家里来了客人，需要介绍我的学习状况时，我就如实地给他们讲述这边学习的特点，也会给他们看我之前做的电影等。看样子他们应该对我的讲解很满意，我也挺高兴的。不过也有让我哭笑不得的时候。有一次，一个和我同龄的男孩子跟着爸爸妈妈到了我家，我们俩单独聊过之后，他竟然问我，学校给了我多少广告费，把学校说得这么好。我一下子就愣住了，还有这一说吗？我只是实话实说啊。

等客人走后，我心情挺轻松的，对自己的表现也挺满意的。可是我爸爸却给我说，我现在是在自己给自己做广告，而且还让他们亲眼见识到了自己的优秀，广告效果肯定比他讲课的时候还要好。

他又说这些人都是老板，每个老板的公司里都有成百上千名员工，这老板要是一讲，不是就有更多人知道了？我知道他老人家是在虚张声势吓唬我呢，虽然有些夸张，但我还是差点没晕过去。没想到他还有这一招，借刀杀人啊！

更过分的是，他竟然跟我要广告费，他说他不能老是给我免费做广告。大人真是不讲理，他的广告带给我那么大的压力，还好意思跟我要广告费。

我就是这样在我爸爸的威逼利诱之下成长起来的，对于他的种种手段，我现在已经练到“刀枪不入”的境界了。我知道他想让我成为他的骄傲，可是这却成了我的无奈。

他要的其实是我能多做事。这一点我并不排斥，因为多做事并不难。不做事，闲着也挺无聊的。

家里进贼了

我们家住在马来西亚的新首相府所在地——布城，这里的治安环境还是不错的，每天都有警察定时巡逻。虽然一直听说布城也有盗窃案发生，甚至我们住的小区里也发生过，但我似乎并没有把它当回事，总觉得这些事情离我很遥远，发生的概率很低。现实往往很会开玩笑，你根本不知道那极低的概率会不会发生在自己的身上，而且巡逻总会有盲区和间隔，人真要干坏事的时候，也不是几次巡逻就能被吓住的。

在我十年级最后一个学期的一个周五的晚上，我照常从学校回到家里过周末。但是爸爸妈妈那会儿都不在马来西亚，是好朋友Jeffrey 的爸爸把我顺道送回家的。我们升入高中以后，只要父母同意，周末是可以回家的。

那个周末回去的时候比较晚，到家的时候天已经黑了。

我开门进屋却打不开灯，以为家里停电了，可是看看周围邻居家，都是灯火通明的，我用微信联系妈妈，问她是不是因为没有交电费而断电了，妈妈说刚交过电费了，而且在马来西亚不会因为一个月没交电费就强行断电。妈妈让我到室外看一看电表是否正常，结果我发现电表上的电线都被齐刷刷地剪断了，我就知道这事肯定不简单。

妈妈知道后，就让我去找邻居帮忙，她还告诉我，她在社区群里看到前一天晚上小区里有一户邻居也被剪断了电表的电线，家里还丢了东西。她说很有可能是同一伙人干的，我们家也有可能进贼了。不过因为我们家室内有一定的安全措施，而且家里也没有什么值钱的东西，所以即便小偷入室，也偷不到什么值钱的东西，但是妈妈也提醒我，要注意人身安全。

我知道了大概的情况以后，就到隔壁邻居家，给他们说了我们家发生的情况。

邻居家的男主人是马来西亚一所大学的副校长，女主人是医生，他们育有 5 个男孩，1 个女孩，还收养了一个残疾女孩，他们家最小的男孩和我同龄。

他们知道了我家的情况后，非常热情，当即邀请我在他家住下，然后他们拨打了报警电话和电力维修电话，并在社区群里发布了我们家被剪断电线的消息，随后他和他的几个儿子带上家伙，跟我到家里查看是否有人躲在里面。

他们的表现有点儿夸张，学着电影里的样子，开门的时候还靠着墙数个一二三，然后大喊着、举着铁棍冲进去。他们的举动让我和他家的小儿子都表示很无语，我们相视一笑。

屋里并没有藏着什么人，因为没有电，又一个礼拜没有通风，所以屋里很闷热。小偷之所以要剪断电线，是因为我们这里每家每户都安装了监控，断了电，摄像头就拍不到他们了。为了偷东西，小偷们也真是煞费苦心了。

小偷极有可能进入了我家，因为后院那里有一扇窗户是开着的，纱网也滑落了一半，检查窗户可以明显看到被撬的痕迹，但是家里并没有翻动东西的痕迹，而楼上他们根本也上不去，并没有丢什么东西。

不久，巡逻的警察和电力维修的人员就来了。

巡逻的警察向我询问了一些情况后说，会有其他的调查警员过来，电力维修人员开始抢修，很多邻居在群里看到信息后也来了，一时间我们家人来人往的，很热闹。

这期间我的邻居还跟我打趣，说我很像电影里的功夫大师一样，一直表现得特别冷静。

功夫大师不敢当，但我当时的确很平静。我心里想，发生了就发生了嘛，着急也没有用，东西也没有被偷，况且发生这样的事之后再发生的概率会小很多。但是我这种反应和表现却在小区里出了名，大人们对我的冷静和淡定都感到惊讶，他们觉得我的表现根本不像是我这个年龄的孩子该有的表现。

我们在看电力公司的维修人员修电表的时候一直在感慨，找个正常的工作挣钱比剪电线偷窃容易得多，也安全得多，这要是一剪子没剪好，肯定就没命了，用这种方法找钱也是挺蠢的。

警察来了之后检查了被撬开的窗户，又向我询问了事情的经过，确认没有东西丢失后便去找邻居录口供了。随行的另一个工作人员带了一个相机和工具箱，她先是把相关的地方都拍了照片，然后打开工具箱在疑似残留指纹的地方刷上一种粉，刷完后拿一种塑料纸把它印下来，我看着这一切，暗自感叹这跟电影里演得一样，没想到自己也会亲身经历这样的现场。

后来为首的女警官找我录口供，可能是因为我年龄比较小的原因，再加上她本身也了解情况，所以基本上都是她自己先写然后再向我确认。

电力恢复正常后，警察也调出了监控，但是由于断电的原因，我们只能看到这个小偷团伙作案前在我家门外的活动情况，他们至少有 3 个人，都蒙着面，戴着帽子，看不清长什么样子，看起来他们应该是惯犯。警察拷贝了录像，走过一些程序之后便离开了。

后来是不是破了案，我就不知道了，但是我推测很难破案。

我曾经认为这样的事件离我是那么的遥远，无论如何也没有想到这种事会发生在自己的身上，却偏偏让我经历了，而我在事发过程中表现出的超乎寻常的冷静似乎给邻居们留下了深刻的印象。

屋漏偏逢连夜雨。电力恢复正常后，所有人都离开了，我却发现家里的无线网络不能用了，整个人就不淡定了，就想一个人鼓捣一下。但是因为之前我并没有关注过家里这些琐事，所以我并不知道问题出在了哪里。

我记得当时已经是半夜 12 点了，妈妈在国内给我发信息，确认我是否安全，但是因为我在楼上楼下研究网络的问题，回复信息不及时，妈妈就有点儿着急和担心，直接打过来电话，询问我在干什么，是否安全。

当她知道我在干啥的时候，就命令我第二天再解决这个问题，现在先睡觉，她说可能是电信运营商的问题。

第二天早上，妈妈从社区委员会的邻居那里了解到，小区里有很多家的网络都出现了问题，他们已经报修了，运营商很快会过来维修，邻居顺便把我们家也报上了维修名单。

后来我和妈妈炫耀自己遇事不慌乱，妈妈却吐槽说，家里电线被切断你不紧张，进贼了你也不紧张，网络不管用你却慌了半天，你是真淡定呢还是假淡定呢。我说这是两码事，她说我太依赖网络了。其实，谁能不依赖网络呢？

爸爸开车撞了摩托车

十年级第一个学期的一个周末，我爸爸在国内十一长假期间过来度假。

有一天，他突然心血来潮，想到波德申去看看那里的海岸线和海滩。爸爸真是童心未泯，充满好奇心啊。

波德申（Port Dickson）位于马来西亚森美兰州，据说有 30 多公里的海岸线，8 个海滩，是马来西亚的黄金海岸线。

波德申原名叫Arang，Arang 是“木炭”的意思。因为这一带有大片可供烧制木炭用的红树林，此地曾以烧制木炭为业，因此得名。后来在英国殖民时期有英国人在此处开辟了海港，就以开港英国人的名字把这里更名为Port Dickson。

不知道为什么，那天我的情绪并不高，不是很想去，但还是陪他们去了。

波德申海岸离我们家不算远，很快就到了，一路顺利。

因为是临时起意，所以也没有做更多的了解，就是想到实地去看一看，结果到今天我都忘记我们当时去了哪几个海滩，只记得我们遭遇到的交通事故。

我记得当时考察了几个海滩后我们就打算回家了，我们驾车沿着海岸线旁的公路往回返。这一带的海岸线我们还没有看过，爸爸就边开车边眺望，想看看有没有风景比较好的地方，所以车开得并不快，我和妈妈就这么优哉游哉地坐在车内望着深蓝色的大海。

我们感觉这里风景不错，正好碰到一个路口，可以拐到沙滩上的停车场，我爸爸想左转弯，但是我们的车马上就要过了这个路口，他就急刹车准备转弯。就在这一瞬间，一声巨响从车后传来。后来他说因为光看前面的路，忘记看后视镜了。

我可以很明显地感觉到有什么东西撞了上来，刹那间大脑一片空白，几秒后万千思绪如同走马灯般在我的脑海中晃过，各种各样的可能性、曾经看过的那些惨烈的画面都在我眼前一闪而过……我愣了一下，随即反应过来，脑中的第一个想法就是赶紧查看现场……

那个时候的感觉就跟作业没有写完，结果老师刚好要检查一样。下车一看，原来是一辆摩托车因为我们突然减速发生了追尾。

摩托车上的两个人，后座上的那个人摔倒在地，一条腿擦伤了膝盖等好几个地方，流了不少血，不过好在只是擦伤，骑手似乎没受什么伤。尽管如此，我们还是特别忐忑，想要送他们去医院检查一下，他们不肯去，说没什么大事，私下解决就可以了，我们就更忐忑了，不知道他们会提出什么要求，因为是我们有错在先，所以我们特别担心他们会借机讹诈我们，找我们麻烦。

偏偏这个时候那个骑手跟我们说他要回去找人，只留下那个伤者和我们，尴尬地站在一起，我们也只能耐心等待。

很快那个骑手就带着一个人过来了，那个人过来看了一下，确认他们的同伴伤得没有那么严重，最后他们要求我们赔偿 200 马币，这次事故就这么干脆、和平地得到了解决，我们也都长舒了一口气……

这件事发生后，老爸再开车的时候，我们都会提醒他不要东张西望，尤其是在马来西亚处处都是美景的地方。

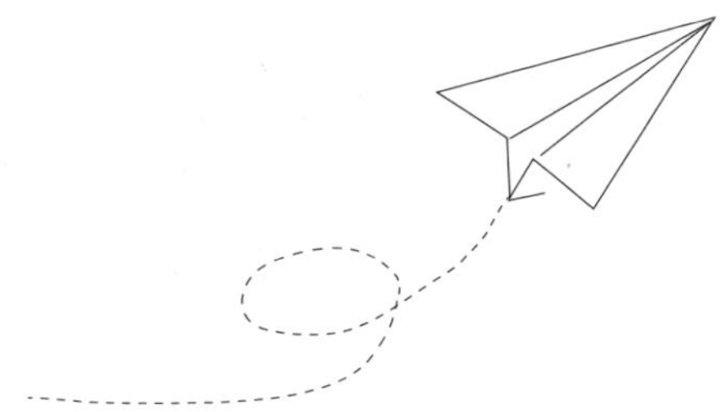

恋爱篇

小学时我的暗恋

在国内，小孩子谈恋爱似乎是一种禁忌，无论大人还是孩子，都给恋爱赋予了太多额外的含义。但越是禁忌，越会引发人们的好奇和遐想。窥探和臆想，自然成了懵懂少年的一种嗜好。

我记得我上小学的时候，班里同学传几个人的八卦传得很凶。其实那几个人对彼此并没有什么意思，至少我看不出他们有喜欢对方的迹象，但是传言一旦开始，便很难收场，传言越传越广，越传越奇。最后老师也听到了传言，就把他们找去谈话……

那时候我对这方面的事也没什么清晰的概念，就是整个社会环境和各种宣传，把小孩子相互之间的喜欢和爱慕称为早恋，在我们的认知里，总觉得谈恋爱是不对的，甚至是可耻的，渐渐地，早恋就和不正经、不好好学习联系到了一起。

其实我上小学的时候也有暗自喜欢的人，说暗恋也可以，我觉得我和我暗恋的女生应该都知道对方喜欢自己，上课的时候一不小心就对上了眼，然后匆忙躲开对方的眼神。

我们一直保持着较远的距离，也不常讲话，只会偷偷地多看对方几眼。

我爸爸的“早恋”黑历史

这是我爸爸经常给我们讲的他自己的故事。

我爸爸说，他初中的时候曾经暗恋过一个女生，其实也谈不上暗恋，就是有一点点好感。然后他就想给那个女生写一封情书，但是他觉得自己写的字不怎么好看，所以他就叫他一个好哥们儿给他代笔，他口述内容。

两个人像做贼一样地把信写完了，却忘记落款了，一封没有署名的信就那么送了出去。结果那女生拿到信之后直接交给了校长，校长自然就要找他们的班主任来处理这件事。很巧的是那个代笔的同学是他们班主任的儿子，班主任一看那字迹就知道是自己儿子写的。

班主任感觉很没面子啊，自己的儿子竟然干这种事儿！把他叫到办公室就是一顿狂揍。

我爸爸那哥们儿就说他是冤枉的，那不是他自己要写的，而是给别人代笔的，那哥们儿很讲义气，没有把我爸爸给供出来。班主任哪里肯信，总以为他儿子在推脱责任。

毕竟是我爸爸干的“坏事儿”，怎么能让自己的好哥们儿代为受过呢？所以我爸爸也是过意不去，就去找班主任坦白，说信是他要写的，他那哥们儿只是帮忙代笔。

结果我爸爸越坦白，班主任越不信，还以为我爸爸是个很重义气、敢为兄弟两肋插刀的人……这件事之后一直对他挺好的。

每次爸爸绘声绘色地讲他这段黑历史的时候，我们都会哈哈大笑一番，然后妈妈就会问他，后来还喜欢那个女孩子吗？爸爸一脸严肃地说："本来就只是有点好感而已，经这一闹，就讨厌了……"我们又是一阵大笑。

然后爸爸就感慨，本来青春期异性之间的相互欣赏和喜欢是一件很美好的事情，却因为女孩子把信交给校长而变了味儿。一封没有署名的信，里面也没有什么过分的用词，可是女孩子却为了证明自己的纯洁把信交了出去。

因为我不知道他们那个年代接受的教育是什么样的，所以就很不理解，为什么会有很多女生对于有人暗恋自己这件事的态度这么不好，甚至觉得这些事很恶心。也许是因为那个年代的学生普遍缺乏正确的教育和知识，在所有大人都在讲谈恋爱如何不好的大环境下，女孩子会视正常的情感为洪水猛兽，唯恐避之不及，于是就会采取一些极端的处理方式。

现代的父母如何看“早恋”

一直以来，我总觉得国内的大多数父母是不允许孩子“早恋”的，学校里也是明令禁止，但事实上还是有很多孩子在偷偷地“早恋”，好像越是禁止越容易引起好奇。

后来我发现，即便在马来西亚，很多华人家庭对小孩子的恋爱也持比较保守的观念，不知道是民族文化的影响还是遗传基因的缘故。

有一次我和马来西亚的几个华人同学聊到父母对“早恋”的看法，他们都表示他们的父母对这件事是完全禁止的，尤其是女孩子。但是感情的事有时候说来就来了，特别是我们这些情窦初开的少年，所以他们只能尽量避免让他们的父母知道，他们都说，要是被父母知道了，他们就惨了。我当即对他们表示了万分的同情，然后他们就问我是不是也和他们一样。

我告诉他们，我父母是不管这些事情的，他们甚至会主动询问我是不是有心仪的女孩子，有没有开始谈恋爱，有没有暗恋谁，等等。看他们的表情和眼神，我要是不谈一场恋爱好像都对不起他们。因为我爸爸从小就给我灌输各种娶妻生子、延续香火的观念，所以在我们家，恋爱、结婚、生子的话题从来都不是禁忌，相反却非常宽松，他们的观点是两个人在一起能够共同提高和成长才是有意义的。所以我们之间有一条原则，只要不影响我的学习和提高，谈恋爱就没有问题。

他们听完后十分羡慕我。有点儿讽刺的是，我们谈话的这几个人当中就我没谈过恋爱，在他们看来这简直是一个奇迹。他们都劝我赶紧谈一场恋爱，这么宽松的环境千万不能浪费了。

这方面最开放的其实是那些白人父母，他们看上去好像完全不在乎，实际也在暗暗地观察着孩子，给孩子把着关，但是他们给予孩子更多的是一种尊重和信任，尊重并信任情感的自由和孩子的独立性，让孩子学会把控自己的情感。

我们宿舍里有一个男生跟我们宿舍大家长的女儿关系很好。有一次大家长的儿子过生日，那个男生就问大家长可不可以到他家去一起庆祝他儿子的生日。结果大家长说了一句："别以为我不知道你过去是为了我女儿，不是为了我儿子。"这句话说完，我们所有人都笑喷了，我们就一起起哄，给他说还不抓紧讨好一下老丈人……

我不知道其他学校的老师怎样，反正我们学校的老师完全不管这些事，有时候他们甚至比我们这些学生还八卦，在他们眼里这都是很正常的事情。谁小的时候没动过情、没喜欢过别人？怎么自己长大了就变成"只许自己放火，不许孩子点灯"了？

看热闹不嫌事儿大

马来西亚是一个比较宜居的国家，首都吉隆坡是一个著名的国际化都市，而且马来西亚政府推出的“第二家园计划”更是吸引了很多国家的人移居到马来西亚生活，所以这里的国际学校除了本地人外还有很多其他国家的孩子，比如中国、韩国、日本、法国，等等。不同国家的孩子都或多或少地带有自己国家的文化特色。但是对于恋爱这件事儿，却都有点儿看热闹不嫌事儿大的感觉。

通过这几年的观察，我发现无论是马来人、华人，还是其他国家的人，对于恋爱这个话题大家都能放得开，不会刻意隐藏、避讳什么，相反，会乐得看别人成双成对，大家对感情的处理方式也没有什么极端化的表现。比如，当一个女生知道有个男生喜欢她的时候，她是开心的，她会认为这是她自己条件优秀和有魅力的一种表现，即使她不喜欢那个男生，也会礼貌性地表示感谢，当然如果那个男生很烦人，“喜闻乐见”的事情还是会发生，比如大骂那个男生一通。

如果有同学知道了某人喜欢另一个人，那么某人身边的同学很快就都会知道，而且在开展活动的时候会很默契地给这两个人制造机会。有的时候我就觉得好笑，不是他们的事，他们却比当事人还上心，真的感觉他们都是看热闹不嫌事儿大的那种，这大概就是我们这些孩子有活力又充满好奇的正常状态吧，我是切身体验过同学们的这份热情的。

我刚入校的时候喜欢上了一个很漂亮也很有气质的白人女生，但因为那个时候我的英语还不够好，所以我和她沟通起来特别尴尬。后来她的好朋友知道我喜欢她，居然偷偷问我要不要她们帮忙牵线搭桥，我当然毫不犹豫地接受了。以至于有一段时间，每次上课到分组的时候她们总尝试着把我们俩凑在一起。奈何我自带尴尬的气场，自然和她相处得十分尴尬，真是往事不堪回首。

那一年过圣诞节的时候，我们班自己组织了一个交换礼物的活动，就是每一个人都要抽签，随机抽一个人的名字，然后给我们抽到的人买礼物，结果我们俩都抽到了对方。我看到她那几个好朋友一脸的坏笑，瞬间就懂了，原来是她们几个偷偷地做了手脚。不管怎样，我们也都很认真地为对方挑选了礼物。

后来知道那个女生对我没有什么意思，但是一直以来她都没有对我表现出厌恶，也没有用特别的眼光看待我，我们就还是同学、朋友的关系，她的处理方式还是挺友善的，我表白被拒的失落感也没有那么严重。

发现了谁喜欢谁，会让我们这些青春期的孩子很兴奋，但是我们绝大多数都是想撮合事儿的，并没有什么歪的、邪的想法，基本上我们都是很阳光的。

有时候想想，暗恋行为得到了暗恋的人的朋友的鼎力相助，也是一件很有趣的事情。像这样的看热闹不嫌事儿大，我觉得也挺可爱、挺温暖的。

“情敌”的不同打开方式

男生追女生，表白被拒是常有的事，遭遇“情敌”也是常有的事。但是“情敌”的打开方式就很有趣，虽然每个人的处理方式不同，但整体感觉还是比较正常的，有的成熟很多，有的显得挺青涩。

国外的男孩子对于“情敌”的概念好像都没有多么敏感，大都觉得没什么大不了的，你喜欢是你的事，我喜欢是我的事，关键要看女孩子喜欢谁，感觉他们还真是洒脱。

之所以对“情敌”的不同打开方式有感触，是因为我总是莫名其妙地“中枪”，成为别人眼中的“情敌”，不知道是我太招女孩子喜欢还是太招男孩子嫉恨。

我曾经有一个马来人室友，他想找他前女友复合，他前女友不想复合，但是不知道该怎么拒绝他才能让他死心，就说已经有喜欢的人了，而且那个人就是我！

室友回来了，我们追问结果如何，他一脸尴尬，告诉了我们他前女友的话，并问我是不是真的。我整个人都懵了，这是哪儿跟哪儿？怎么可能？室友看着我在屋里急得直打转儿的样子，瞬间明白怎么回事了。直到现在，我跟他的关系一直都还不错。

但是从国内来的男生就不一样了。如果他认为另外一个男生可能跟他喜欢同一个女生，他首先做的不是提高自己来和那个人公平竞争，而是尽可能去找那个人的麻烦或者在别人面前讲他的坏话……

对于这点我可是深有体会，没错，又是我的亲身经历。

大概八年级的时候，我们学校新来了一个中国男生D，我们在同一年级，但不在同一个班，他有一个暗恋对象S。

因为我和那个女生S 的父母都认识，所以她跟我走得比较近。不知怎么，D很自然地就把我当成了他的“情敌”，也没有经过确认，非一口咬定我和S 有什么关系，实际上所有的人都知道我们只是普通的朋友罢了。

当时我的心情用一千个无奈也无法形容，就这么躺着“中枪”。我很不理解，他喜欢S 就去喜欢啊，我又没有拦着他。

然后我见证了D 的各种不可理喻。一开始他想方设法地刁难我，我并没有理他，他应该感觉自己很没趣，但是并没有放弃针对我。后来他发现S 有个好朋友L，而我跟L 的关系也很好，属于那种特别要好的朋友。于是D 就像发现了新大陆一样，以为我脚踏两只船，最后他连离间计都用上了，也许是《孙子兵法》读多了。

本来D 想让L 跟我的关系闹僵，棒打一下“鸳鸯”，报一下“情敌”之仇。但是我和L 当时真的只是好朋友，L 看到D 发给她的信息简直要笑疯了，直接就把聊天记录发给我和S 看，然后问我D 是不是神经错乱……

D 这样找我麻烦，给我难堪，他喜欢的女生S 也知道，我想没有哪个女生会喜欢这么不淡定和小肚鸡肠的男人，所以S 自然非常不喜欢他，最后拒绝了他。

本来我以为一切都结束了，但我还是低估了他的小胸怀。

他被拒绝以后觉得很郁闷，竟迁怒于我，把责任都推到了我身上，怪我在S面前说他坏话，把他给“坑”了。得，我躺着又中了一枪，明明我什么都没做。

后来我找了个时间给他上了一次课，讲了一些道理。然后他再也不敢胡乱猜疑、胡说八道了。

过了一段时间，又有一个新来的男生喜欢S——大概很多男孩子都喜欢S 的活泼，而我因为和她太熟悉了，对她根本没有一丁点儿的想法，但是也因为我和她太熟悉了，刚到异国他乡的孩子很难想到我们是因为父母相识才比较熟悉，所以我又莫名其妙地被人误认为“情敌”，只是这个男生没有像D 那么执着……

“情敌”的打开方式不同，让身为“情敌”的我欲哭无泪，咱各忙各的不行吗，我真的无意成为你们的“情敌”，也不是你们的“情敌”，你们却为啥喜欢给自己找个“情敌”？是太不自信了，需要一个“情敌”证明你们自己的存在吗？

我恋爱了

我从来没有谈过恋爱，却一直被当作“情敌”。这说起来也是很讽刺的事情。

但是到了十年级的时候，有趣的事情发生了。

从我来到这所学校，就有一个女生和我的关系一直都很好，我们经常会一堆人聚在一起聊天，感觉我和她比较投缘，而她遇到什么不开心的事情也会找我倾诉，我属于那种和同龄孩子比起来比较成熟的类型，又比她大，所以一直把她当邻家小妹看待，在她迷茫的时候给她一点指导，我们一直都是好朋友的关系。

但是随着交往的时间越来越久，这种关系开始有了变化，我们两个人的感情渐渐升温，可我总觉得我们两个人的性格更适合做普通朋友，并不适合做男女朋友——至少在我看来是这样的，所以我会下意识地克制这种感情的升温。

明明喜欢一个人，但又不想喜欢这个人，这令我感到纠结。

感觉总有一股不可抗拒的力量在对抗着我的理性，我才清楚地意识到，为什么在中国家长和学校都禁止早恋，早恋还是屡禁不止，因为这完全是管不到的事情啊。

想起自己前一段时间跟父母在闲聊时讨论选对象的事，我还信誓旦旦地说我特别理智，一定能管住自己，可是当感情来的时候，还真不是那么回事儿。可能这就是所谓的少年不识愁滋味吧。

当我意识到自己的理智对抗不了情感的时候，她告诉我，她也有一件事让她感到特别困扰和矛盾，而且这件事只能跟我讲，但是又不可以跟我讲。

她的欲言又止让我联想到她之前跟我说过的话，她说她喜欢上了一个不想喜欢的人，我就大概猜出来她喜欢的人是谁了，她和我碰到了同样的问题。而我们俩喜欢又不想喜欢的人刚好就是对方。

果真如此，那就真是一件奇怪的事情了，两个人都喜欢对方，但又不想喜欢对方，这听起来像是小说里的情节。

我不想这样僵持着折磨自己，总得有个人打破僵局吧，所以当她欲言又止的时候，我主动问她，是不是从情感上喜欢我，但是理智上又不想喜欢我。

结果她很吃惊，问我怎么会知道她的想法，我就告诉她我和她一样，喜欢她但是又不想喜欢她。

她沉默了一会儿，然后问我怎么办。其实我也不知道怎么办，只是都说开了以后，我们的心里一下子都轻松了很多，但是随之而来的压力就是我们应该如何处理彼此间的关系。

那天，我们俩为了寻找解决问题的办法谈了很多。她想到了强行分开的方式，但直觉告诉我们那不会管用，说不定还会起到反效果，越分开越想在一起，或者像暗恋那样，持续很久的痛苦。

国外没有早恋的说法，就是恋爱，学校里也不禁止谈恋爱。根据我们多年的所见所闻，发现我们这个年龄的孩子的恋爱关系来得快结束得也快，最快的只维持了一天，平均下来也只能维持三四个月的样子。

我们俩经过讨论，认为顺其自然的发展是最好的选择，这样可以在不违背我们内心情感的情况下让这份感情有一个自然的结局，算是对自己情感的尊重，还有很大的概率能快速结束这段恋情。

我们所期望的其实是让感情随着时间慢慢地淡下来，而不是一开始就压下去，使得我们自己也不明白那究竟是一种什么样的感情，甚至影响到未来对异性的判断和情感的把控。

我们俩理智地探讨了一大堆可能性，恋爱还没正式开始就谈到了分手的各种可能性。我调侃地说，我们开始的目的就是为了分手，也许这样将来就不会伤害到对方，说不定还能继续做朋友呢。

探讨了各种的可能性后，我们都答应对方尽量不要留下遗憾，而且还是要把学习放在第一位，这也是我一直坚持的原则。我们也总结了周围的恋人分手的原因，基本都是由于沟通不畅所导致的问题，所以我们也立下了无论发生什么都要主动与对方沟通的规则。

直到我们感觉自己已经考虑得很周全了，应该避免了会伤害到双方的情况，打算正式开始时，我们突然又想到一个问题：万一我们到高中毕业的时候还没分手，那不就尴尬了吗？那时还要不要继续？

经过一次又一次的认真讨论和分析，我们愉快地决定忽略这个可能性，听天由命……

这就是我开始恋爱的经历，一切都那么顺理成章，一切又都那么平淡……

也许是因为我们在开始恋爱前经过了理性的思考和讨论，尽管后来我们也会发生一些矛盾和不愉快，但是我们都能处理好，也没有影响学习，相反，我们在相互督促中不断成长，直到现在我们还没有分手……

不知道毕业以后我们这份感情将何去何从……

爸爸说他想抱孙子了

感情来的时候，我能理性地去看待和探讨未来的各种可能性，我能这样做，其实得感谢我的父母。他们在这个问题上的态度很开明，并没有限制我，而且恋爱这个话题在我们家也是很轻松的一个话题。

我爸爸在我还上小学的时候就一直问我有没有喜欢的女生，他也很乐意和我谈起自己的恋爱黑历史。因此我并没有像很多华人孩子那样对谈恋爱产生一种罪恶感，我也愿意跟他们讲我谈恋爱这件事，有的时候还给他们讲我们之间发生的各种有趣的事。

不过，我爸爸还是一如既往的“不正经”，妈妈告诉他我谈了恋爱后，他到了马来西亚一见到我，就问我他什么时候可以抱孙子，还说他早就做好当爷爷的准备了。我直接无语了，而他却一脸坏笑，妈妈赶紧跟我说不要听我爸爸乱讲。

当然这些都是玩笑了，爸爸总喜欢开一些这样的玩笑。其实在我们谈论这些话题的时候，爸爸妈妈给了我很多如何处理恋人之间关系的建议，而我能够一直坚持两个人在一起相互帮助和提高，也是因为他们对我的影响。

其实学生谈恋爱并没有那么可怕，恋爱不是洪水猛兽，不需要被压制和禁止，但是需要给予学生正确的引导。

喜欢八卦的“月老”们

我们班同学的眼睛在谁和谁谈恋爱、谁暗恋谁这方面都特别亮，而且同学们都特别八卦，也很喜欢把暗恋的人凑成一对，有成功的时候，自然就有失败的时候，有时热心的帮忙反倒加快了他们被拒绝的命运。

我们学校在圣诞节的时候，学生会组织了一个叫作Secret Santa的活动，同学们可以从学生会那里订购一些糖、甜甜圈等礼物，由学生会安排专人把礼物送到订购礼物的人指定的人手里，我就当过派送礼物的“精灵”。

我们班有一个男生，暗恋别人很久了，有几个同学特别想把他们撮合成。赶上圣诞节送礼物的时候，他们就怂恿他去订Secret Santa的礼物送给她，但他总是没有勇气。他们实在看不下去了，就用他的邮箱帮他订了礼物，还在上面写了情话，连买礼物的钱也帮他付了。

真是看热闹的比当事人还上心。但是非常遗憾，当事人在放假的前一天被女生拒绝了，那个男生也挺惨的，不知道他的假期是怎么过的。

而我属于模范“月老”，成功撮合成了一对。

有一天我和几个男生在打篮球，我们比赛投篮，投之前要先说没进球怎么接受惩罚，结果一个男生说如果他投不进，就给他喜欢的女生告白。

原本他还自信满满，结果球从篮筐里弹出来后，迎接他的就是我们那充满恶意的坏笑，只是他一直不承认他有喜欢的女生，我们也就没有再管了。直到有一次我去参加同学的生日派对，意外知道其中一个女生的暗恋对象刚好就是那个投篮没进的男生。

我突然想到他还欠我们一个告白，就找时机让他去告白，结果有一天早上去跑步的时候他真跟那个女生告白了。本来我也没想很多，只是觉得好玩，没想到那个男生原来也喜欢她，我就这么歪打正着地撮合成了一对。

不单同学们比较八卦，爱管闲事儿，老师也好不到哪里去，都是看热闹不嫌事大的感觉。之前做IA 冒险活动的时候，我们正走在路上，突然几个带队的老师跑过来，指着前面的一个同学，偷偷问我们他新交的女朋友是谁，搞得我们也是哭笑不得。

宿舍家长们也是这样。有一次我和女朋友出去，老师一脸坏笑地看着我们俩，还说了一句“只能牵手哟”，我们俩当时都没有反应过来。圣诞节晚餐的时候，我们还被提名“最佳关系奖”，我也不知道该说些什么了，这不是鼓励我们谈恋爱吗?

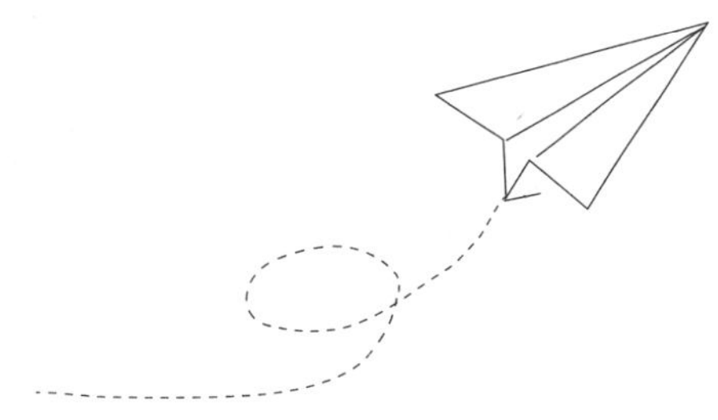

思考篇

朋友是干什么的

有一天晚饭后，我和几个朋友到操场活动，看到一个比较要好的同学Anni（化名）坐在看台上发呆，一脸愁容的样子。

我们活动完了她还在那里，我就过去询问她有没有什么需要帮忙的，然后我们就有了一段关于朋友的对话。

Anni 说她们同一个宿舍的女孩子曾经都是形影不离的好朋友，但是现在因为自己有了男朋友，所以就没有时间像以前那样和她们泡在一起了。她的朋友因此就不高兴了，说她不够朋友，只顾自己谈恋爱，在朋友身上没有足够的投入，她很纠结，不想失去朋友。而当她开始花时间在那群朋友身上时，她们反以一种排斥甚至不屑的态度对她。她觉得非常受伤，一开始她只是觉得她们几个在吃醋，以为过段时间就好了，但是过了几个月，她们之间的关系还是怪怪的，也不知道哪里出了问题，这严重影响着她的情绪。

她很难过地说："我觉得周围只有我自己一个人，没有朋友陪着我……"

我连忙回复道："你周围不是完全没有朋友啊，我不就在你身边吗？还有Allen 和Ben 他们啊！"

她无奈地低着头："不是的，我指的是女性朋友，很要好的那种，可以在伤心的时候谈心的朋友。唉！其实我还是想有同龄的女性朋友。"

我说："她们都对你那样了，根本没拿你当朋友看，为什么你还是一直抓着她们不放呢？为什么一定要有同龄的女性朋友呢？那个Cindy 不也是你很好的朋友吗？”

“可是，她和我不是一个年级啊。在宿舍的时候我们年级里她们都是一组人，我一个人被孤立了。你知道吗？这让我感觉很孤独。如果我去找别的年级的朋友会有很丢脸的感觉，而且很多时候我还是需要跟她们有交集的。”她立马回答道。

我也很无奈，说：“如果你身旁的人都不适合做朋友，你也不能强求啊，总不能说哪一天把你和一群变态放在一起，你为了交朋友，明知他们是变态还硬和她们做朋友吧？”

她嘟囔着：“可是……可是……”

沉默了一阵后，她又说：“我知道啊，可是我们之前也是朋友啊，之前相处的不也挺好的吗，为什么现在就变了？”

我有点急了：“我记得你以前跟我说过一些她们的事情，那个时候你们关系还很好，你说她们有的时候很做作，有的时候表现得很假，你看不惯这些，还问我你自己是不是有问题。这其实就表明你们的价值观是不一样的，本来就是合不来的，只是因为你们在一个宿舍，整天相处在一起，没有什么大的冲突，你又相对比较单纯，就以为你们是好朋友了，现在你因为男朋友的事情有了一个契机，让你们之间的差距显现出来了。”

她点点头，我紧接着又说道：“她们排挤你，除了说明你们不是一路人以外，还有一个原因，那就是你比她们优秀，你又有了男朋友，她们自然就会嫉妒你啊。”

她好像吃了一惊的样子，问：“她们真的会嫉妒我吗？”

我说：“是啊。人在面对比自己优秀的人的时候，通常会有两种反应，一种是找到差距，尽量提升自己，一种是从羡慕到嫉妒，甚至会恨。你的那些所谓的朋友应该是嫉妒你的，而且人还有一个毛病，就是喜欢和不如自己的人做朋友，那样自己本身没有压力，还能自我感觉良好。知道这个道理，你应该就理解她们为什么这样对你了。我记得上次运动会的时候你拿了奖牌，她们可是当众说了你很多风凉话的，那不就是嫉妒吗？她们自己平时不锻炼，拿不到好成绩，却说别人的风凉话，你确定自己要拉低水平去跟她们做朋友吗？”

这一招很奏效，她听了以后马上说道：“是啊，她们之前在运动会上的表现真的很过分，明明自己没努力，看别人努力的成果还嫉妒。可是，她们并非完全比我差啊，而且我很不习惯自己一个人独处的孤独感觉……”

我一看有门儿，触动到她了，就继续慢慢讲：“其实孤独不一定是一件不好的事，相反，在孤独的时候你能思考更多的东西，帮助你提升自己。内心强大的人，特别是历史上的名人，都可以不依靠任何人的。习惯孤独其实是一个人一生都需要经历的过程，你会因此学会看人和思考，周围的很多人其实都不一定是真心对你的。”

她答道：“我也知道啊，可是我真的不喜欢孤独的感觉，我的内心不够强大，我真的受不了。为什么我现在就没有好的女性同龄朋友呢？从小我一直都会有个要好的女性朋友在身边。刚认识她们的时候我跟她们很合得来，为什么最近会有些看不惯的事情？”

我很无奈，看她绕来绕去还是走不出来，我就只能继续讲：“那是因为你还小的原因，小的时候谁都可以做朋友，反正只是在一起玩，自然不会出现这样的事情。等大了之后形成了自己的三观，肯定就会有不一样的地方啊，而且每个人的境界也不一样了。”她若有所思。

我紧接着又讲：“找朋友的目的是为了相互促进和相互提升的，不是为了迁就朋友而降低自己的水平，那不是在往人生的反方向走吗？如果你发现你的朋友没有让你提升，反倒把你带歪了，你又何必执着，一定要继续和这样的人做朋友呢？”

她听后想要讲些什么，话没出口却点点头，然后又陷入了沉思……

她沉思了一会儿，然后说她要回去继续消化我给她说的这些话，并说以后也许还会再请教我。

我心里却直叫苦：道理不难懂啊，为什么会想不明白呢？

我在小学的时候就想明白的事情，她到高中还在苦恼。也许她高中以前的生活都太单纯、太美好了，而人生该经历的挫折一点儿都不会少，只不过是早和晚的区别，就像唐僧取经需要经历的八十一难，少一难都不行，也需要补上。

朋友是我们人生路上的伙伴，当然不能找拖后腿、使绊子的人。作为别人的朋友，我们也应该帮助别人提升和进步，共同成长。

班干部的思考

我记得小学刚入学时班主任老师马上组织了一次班干部竞选，从小组长到班长，职位非常多。爸爸妈妈好像也没有提醒我要参与竞选班干部，但是那个时候我很想竞选班长。不过有意思的是我当时不知道中队长就是班长的意思，老师也没有特别提及这点，所以我就这么错过了竞选班长的时机。后来我还问老师什么时候竞选班长，只记得老师先是一脸迷茫地看着我，然后就变成了无奈的表情……哈哈，刚入学，年幼无知，懵懵懂懂的。现在想想，自己小时候还挺有野心的。

大概是受爸爸的影响，凡事我都喜欢思考一下。经历了国内外不同的学习体验后，我的思考变得更多元化，对班干部有了一些新的理解。

班干部制度在国内学校里算是一种传统，在班级管理中的确起到了非常重要的作用，但不可否认的是，这种制度也存在着不少弊端。比如有不少人指责这个制度给了现在的学生一些错觉，使得他们过于崇拜权力，或者指责这个制度成为培养权力的奴隶的土壤等。这些话虽然不好听，但现实中的状况的确如此。虽然现在不少学校也开始用竞选的方式来评选班干部，这比过去老师直接委任要好很多，但是一些负面的现象还是会存在，比如用小恩小惠拉拢同学选自己等……

班干部制度的优点主要是它可以锻炼学生的能力、培养学生的自信心和责任心，但是并不是所有的学生都能有同等的机会去享有这些优点、锻炼自己，因为一开始当过班干部的人有更多的机会可以锻炼，再次竞选时跟其他人相比他们就占据了优势。而当过班干部的人，老师对他们更加熟悉，也希望他们再次当选。

虽然班干部看上去是同学们自己选的，但老师在其中占据着相当大的主导权。老师只需要引导一下，同学们就都乖乖就范了，认为老师说的有道理。比如老师想让某个人选上某个职位，只需要替那个人说几句好话就可以了，全班都会投票给他。而老师想要委任一个人也是一句话的事情，即便这个人没有竞选某些职位，老师还是会派任务给他做的，可能老师觉得这个人比较适合做这些事，也可能老师比较喜欢那个学生。

在我的班干部生涯里，老师也会派给我一些不在我职务范围内的活，虽然对我个人来讲这并非是一件坏事，但对于别人来讲就有点不太公平了，毕竟我抢了别人锻炼的机会，我认为教育应该让所有人都有机会锻炼自己。

班干部制度的弊端主要是时间长了班干部会变得有些“官僚”。因为班干部有更多的权力和荣誉，这就促使他们成为所有人所推崇的对象，无形当中造成了同学之间的不平等，这样的环境培养了一小部分人的自信心，同时也使另外一大部分人感到不自信。

我有时候会觉得老师在班里的角色如同皇帝一般，有着绝对的权力，班干部就像大臣，而大臣如果从皇帝那里得到太多的权力，又没有人监督他们的话，就很难说他们能不能正确运用权力了，所以偏袒一下和自己不错的人或利用职务之便做点其他事情就十分常见了，而在尝到随意使用权力的甜头后，班干部就很容易深陷其中了。这大概是班干部会变得“官僚”的原因之一吧。

班干部分担的是老师的一部分管理工作，所以也需要有一定的权力，这本身没有问题，问题是班干部的权力的来源是哪里。我们都知道班干部权力的来源是老师，并且所有人也都默认这一点，虽然班干部的选拔也经历了选举的形式，但他们的权力事实上是老师赋予的，而不是投票选他们的同学，投票选他们的同学只需要服从他们的管理就可以了。而老师可以罢免或提拔他们，所以他们自然为老师服务，对老师负责。

相反，如果学生有权力罢免班干部，老师不做干预，那么班干部自然就会主动为同学服务。为了避免班干部养成官僚的作风，一定要给班干部限定任期，或者让所有人轮流来做这些职务，这样既可以达到平衡的作用也可以让所有人都有体验的机会，那么所有的学生都可以得到锻炼。如果大多数学生对某个职位的人的工作不满就可以重新选举，把好的、合适的人选上去，把坏的、不合适的人选下来。

当然，要解决现在班干部制度中存在的负面影响肯定不会那么简单，需要一定的时间慢慢来，这需要老师真正地理解权力和责任的对应关系后引领学生去降低负面的影响，而不是把班干部当作给自己跑腿的或是完全听命于自己的手下。

之所以会思考班干部的话题，是因为我感觉到了国内和国外在这方面的不同。

国际学校没有国内那种层级递进的、众多的班干部，国际学校的“班干部”更类似于值日生或志愿者，而不是像国内那样的类似于管理者的角色。

这种不同也可能因为国内外学校的情况不同，国内学校每一个班的学生人数基本都在 50 人以上，而国际学校大都在 20 人左右，我们班就只有 18 人。

因为学生比较少，老师管理起来就很方便，而且学生之间也比较熟悉，所以如果有什么事情需要组织学生就比较简单。

在国际学校，班级的概念并不像国内的学校那么明显，国际学校采取走班制，虽然也有一个类似国内的那种比较固定的行政班级，但是我们每节课都可能跟不同班的同学组成新的上课班级。

另外，因为我们是无纸化教学，上课和学习等都在电脑网络上，所以发布通知什么的也非常方便。

大概因为这些原因，在国际学校就不大需要像班长之类的班干部去进行管理了，同学之间都是平等的同学关系，不存在谁要听谁的问题。

我居然对家族的概念产生了兴趣

根据我的了解，一般来讲，现在的年轻人对家族没有什么概念，也没有什么兴趣，在城市里长大的孩子更是如此。我之所以对家族产生兴趣，大概是因为父母从我小的时候就给我讲家族中的很多事情，让我对家族的概念有了一定的了解。

父母的灌输让我对家族的概念有一点感觉

我父母他们俩的祖辈曾经都是当地小有名气的富裕一点的大家族，所以他们俩讲起自己的祖辈时还是挺有优越感的。他们各自以自己的家族为傲，经常很自然地给我讲一些传统的家族观念，比如与家中长辈的关系以及我的责任等，特别是爸爸，而妈妈只是讲她小时候在家里过年的时候祭祀祖先留给她的美好记忆，并不会给我讲太多关于责任的问题。

正因为从小接受的这些灌输，所以我对家族成员之间的关系存有不少幻想，很自然地觉得亲戚之间和家族成员之间都应该是那种很亲近的依存关系，大家都会对这个家族有一定的归属感。

说到父母的灌输，有时候也让我感到很无语。给我爸爸做儿子，一定要有一颗淡定的心，不然就会分分钟被他搞晕，不知道东南西北了。

从我上小学的时候，他老人家就经常给我灌输他一厢情愿的事情，比如要我早早找个老婆为老马家传宗接代，每每这时我都会哭笑不得，你说我要是真的如他所愿，在我上着学的时候给他抱回一两个孙子来，他还会这么云淡风轻吗？

我就在爸爸这种有点错乱的灌输中保持着自己的淡定，幸好我还有自己的是非标准，幸好老妈能及时给我纠偏，给他泼点冷水。不过有时候不同的观点也有利于我养成独立思考和自主判断的好习惯，这一点我要感谢他们。

等我长大一点后，我渐渐地发觉我跟很多亲戚相处起来都是生疏的。看来维系关系并不是完全依靠亲情，应该还需要更多的东西。仔细想想也是，如果生活中没有任何的交集，即便是一个家族的人，有血缘关系，乍一相见，和陌生人又有什么两样呢？只不过比陌生人多了一层看不见的亲缘关系而已。

后来，爷爷奶奶来到了马来西亚，和我们共同生活了半年。我长这么大，第一次和他们在一起生活了这么长时间。这段三代同堂的经历也让我对之前形成的家族观念产生了一些新的思考。

从前和现在的不同

从前车马慢，天南海北去谋生活的人不多，绝大多数人从生到死都生活在一个地方，所以亲戚、族人相互之间都十分了解。因为生活在一地，见识都差不多，生活方式和生活习惯也都差不多，所以亲戚和族人之间相处起来轻松很多，用现在的话讲就是生活在一个平台上，思想在一个频道上。而且因为车马慢，所以人们对世界的认知范围也极窄，能选择的沟通交流的范围也不大，而人又天生有亲疏远近的分别心，所以在从前，维系一个家族的关系比较容易，有时候家族会给人带来很大的便利，尤其是有名望的大家族。

现在车马快，交通方便，天南海北去谋生活的人越来越多，太多的年轻人不再像老一辈的人一样守在自己出生的地方直到终老，而是分布在全国各地，甚至移居海外，生活圈一下子辐射到了全国甚至全世界，他们的后代也就成了城里人，远离了他们祖先繁衍生息的地方，也远离了家族文化的熏陶。

家族文化的熏陶，我觉得最为直接的应该是过年时祭祀祖先，这个仪式在城市里并不多见，在农村比较多见，因为那里曾经是我们的祖先繁衍生息的地方，我们的祖父母辈还在，所以祭祀祖先的传统还保留着。我们的祖父母辈不在了，这个传统还将延续下去，因为我父母他们这一辈人也经历过这样的熏陶。但是到了我们这一辈会怎样，那就很难说了。当我们都远离祖籍，老家的祖屋变成了高楼或公路，家族的外在依托可能只剩下祖坟了，还有多少可以联系的家族纽带呢？我还有堂弟、堂妹，而那些独生子女家庭中的独生子女又如何传承家族的责任？家族在中国是一个急剧缩小的社会单元，所以家族的概念在年轻人的心里是很轻的。

我的父母都有兄弟姊妹，但是都不生活在一个地方。逢年过节的时候我会随父母回家探望他们的父母，自然就会和同辈的孩子们见面玩耍。小时候只知道疯玩，一大家子的孩子在一起疯玩是一件非常快乐的事情，但是年龄大一点的时候就有一些尴尬了。我发现有的时候我们不在一个频道上，找不到共同的话题，沟通起来不太容易。这是现在我们这些年轻人面临的一个共同问题，尤其是从小没有在一起摸爬滚打过，又不在一个城市生活且极少见面的所谓亲戚，除了空间上的距离，还有精神上的距离，大家都需要花费比较长的时间去了解和磨合。在现在的时代，这种现象应该算是十分的普遍了。

思考带给我的疑问

我不知道别人是不是也思考过这样的问题，可能是受我爸爸的影响，他经常抛给我一些超越我年龄的问题。我跟妈妈讨论过这些问题，告诉她我想做这方面的研究。妈妈并没有阻止我去思考这些问题，她只是说家族这个问题研究起来难度太大，我现在的知识量还不足以支撑自己的观点，但是我可以将其作为一个爱好，有意识地进行一些知识层面的积累。她会听我讲自己的观点，也会跟我一起讨论。相反，爸爸在这件事儿上并不主张我想太多，他说等我再长大一些的时候就什么都明白了，我现在还太嫩。唉，他忘了把我当大人看的时候了……

当然，思想是我自己的，我还是可以思考并记录下来的。假如将来我要做这方面的研究，我现在记录下来的这些自己的思考结果，也许就会很有用。当然，也许等我再长大一点，就会发现我现在的很多想法是很幼稚的，这也说不定。

我会对这个问题比较感兴趣并加以思考，可能是因为我长大以后，发现现实跟我小时候所认知和想象的不一样，如果仔细思索一番，还觉得有点不寒而栗。

追根溯源，我们不用去探究人类的起源问题，只要尽可能久远地想象人与人之间的关系问题就可以了。家庭成员之间联系的纽带是血缘和亲情，而家族之间联系的纽带就没有这么简单了，除了亲情，还有利益、名望、利害关系，等等。

到了现代，如果家族成员的分布地域足够分散，那么他们之间的联系纽带就会弱很多，而且生活环境也会影响人的观念的形成和认知的差距，而这些又是影响人与人之间关系的比较重要的因素。

两代人之间会产生代沟，几代人之间更会出现代沟，而科技和互联网带给人的冲击，有时候让同一代人之间也可能产生代沟，特别是我们这些年轻一代。个人是社会上最小的单元，而家庭将这些最小的单元联系起来，然后家族又将家庭联系起来。当我们的家族观念渐渐淡化，会不会发展到对家庭的观念也渐渐淡化？事实上，这种对家庭观念的淡化已经成为一种趋势，因为现在有太多的年轻人并不愿意结婚成家。面对这样的事实和我从小接受的家族观念，我产生了些许的疑问和不安。

家谱承载着历史的沉淀

正是因为这些疑问和担心，我开始对家族文化感兴趣了。我先是询问了父母，发现他们都能对自己家族的祖辈们说出个一二三来。妈妈说她没出嫁的时候，每年过年的时候都能看到家谱，我姥爷也经常讲他家祖先的故事，而且会讲他小时候过年去家庙祭祀的事情，妈妈说她小时候听我姥爷讲的那些让她很向往。妈妈说她家所在的村子是六百多年前一对兄弟从很遥远的地方迁徙过来的，村子里几百年前都是很近的亲戚，因为有村志记载这些，所以妈妈能给我讲一箩筐她娘家祖辈们的故事。我爸爸家这边，当年“破四旧”搞得比较彻底，所以当地过年的时候基本已经没有什么祭祀的传统了，只是最近几年爷爷凭着记忆重新续写了家谱，偶尔回乡过过年，祭祀也极简单。

看来家谱对一个家族来说还是很重要的，它可以让一个家族的后人知道整个家族在历史上遗留的痕迹，看到家族的兴衰变迁，知道自己的祖先，知道自己的根源……或许正是这些给了后代子孙对家族的归属感和责任感。听父母说自己家族的故事，我看到了他们流露出的自豪感和荣耀感。也许我年纪还太轻，无法体会这份感情；也许因为在城市里出生、长大，周围缺少那种氛围，总之，我无法体会他们的感情。尽管如此，我的内心还是隐隐有些失落。当我在马来西亚看到这里的华人保留的隆重的祭祀祖先的传统时，我突然间感觉到，是我们丢失了自己的文化，还以为自己是进步的。

文化断层让家族概念与社会发展脱节

我知道很多人对我们自己的传统文化是持排斥态度的，我有时也会觉得很多传统的观念根本不接地气，确实会有一种老土甚至遥远的感觉。但现在，当我走出国门，当我接触到更多的文化，当我客观地了解到其他发达国家的文化时，我发现只有我们以如此快的速度丢失着自己的文化，却还自我感觉良好，认为现在才代表着先进，传统都是老掉牙的东西。

为什么会这样？我想这应该是一个庞大的、系统的问题。但是，我还是想试着用自己现在的知识结构去做一番分析。随着时代的变迁、社会情况的变化，文化和观念本身也在发生变化，现在之所以会发生一些对待传统文化的排斥甚至仇视现象，我觉得应该是历史上一系列的运动造成了社会的文化断层，使得传统的文化和观念与社会的发展隔绝开了，传统文化的发展出现了空档期，以至于当社会开放，传统文化重新登上舞台的时候，呈现给我们的还是老面孔，所以现代人会觉得传统的文化和观念是老旧的、不贴近生活的。

文化发展应该与时俱进，它和社会的发展相互影响、相互促进，但是传统的文化和观念并没有随着社会的发展而改变，并融入人们的生活中，社会的发展也没有被传统文化所影响和改变，我们自然会有不符合现实情况的感受。打个比方，在现在这个到处都是液晶屏的时代，给你一个十几年前的翻盖手机，估计你会很痛苦。但是如果在触屏手机发明前将手机的所有研发停止，你不会觉得翻盖手机有什么不好，也不会对其有什么过高的要求，而当手机研发跟着其他电子产品的更新换代不断研发升级时，手机便捷实用的功能就像现在这样完全融入我们的生活。

女性在家族中的地位

要谈论家族的问题，就不能不讨论女性在家族中的地位。有一次我和父母出去晨练时，妈妈说，在一个家族中女性的地位其实一直都很尴尬，俗语说“嫁出去的姑娘，泼出去的水”，泼出去的水收不回来，也就是说女孩子一旦结婚，和娘家就没有什么关系了，在以前要随夫家姓氏。随了夫家姓氏是否就真是夫家的人，这个很难说。从道义上说应该是，但是夫家人的潜意识中是否真的这样认为，那就未必，不然就不会有那么多的婆媳之间的矛盾和战争。她似乎有点伤感地说，也许只有女人的孩子会从心里把她当作自家人，但是那时女人已经作古，孩子把她埋入祖坟就算是一个显著性的标志了。此时一旁的爸爸忙不迭地表示他把妈妈当作自家人，妈妈笑言不要这么心虚，急于表白，她只是表述可能存在的现象，探讨深层次的问题而已。

妈妈说，当一个女人走进一个与自己曾经完全不相干的家庭，面对不一样的生活习惯、不一样的家庭环境、陌生的七大姑八大姨、亲戚邻居放大镜一样的眼光，她要融入这个家庭，其实需要非常强大的内心。从前那句“嫁出去的姑娘，泼出去的水”大概是为了断掉女孩子的后路，而随夫姓也是为了增加女人对家庭的归属感。仔细想想，妈妈说的也不无道理。

而在提倡独立的现代社会，当独生子女成家立业，传统和现实的冲突让已出嫁女性的境遇更为尴尬，归属更是模糊不清。传统观念认为媳妇就是要伺候公婆的，而家里只有女儿的父母，当女儿出嫁后就更孤单了。尤其是过年这种传统节日，在谁家过年也是摆在现代家庭中一个非常实际的问题。当然每家有每家的解决办法，但是共同的尴尬并没有解决，就是女性的归属问题，如果完全按照传统观念，女性应该归属夫家那一家族。很显然，这在现在，人们希望拥有尽可能多的权利的情况下，仍然这样武断的界定有点不合时宜。曾经的独生子女政策让中国传统概念里的家族越变越小，也难怪现在的人对家族的概念越来越淡化，也许因为很多人也在有意识地淡化。

我在想，既然现实已经如此，那么为什么不做一些改变呢？如果将社会最小的单元从个人变成家庭，原生家庭作为一个永远不可分割的单元，那么出嫁的女性仍属于娘家那个家族，同时也属于婆家这个家族，这样既保留了传统也照顾了女性的娘家，而女婿也可以成为女性家族的一员，这样对所有人都公平，唯一的问题是这样就使家族的概念较之传统而言变得不那么纯粹了。但是从女性追求独立的角度来说，这样处理也未尝不可。虽然这只是意识形态上的改变，但我觉得这至少让人们不再感到尴尬，心底也会有归属感，毕竟以一个家庭为单元，其中的所有成员都是一体的。

当然这只是我一个小孩子的一点想法，可能也只是一个权宜之计，是对传统和现实的冲突带来的矛盾的一种解决方法，但是与人们内心比较容易接受的关于家族、家庭的主流概念出入很大。

尊老爱幼与平等尊重

尊老爱幼是非常好的传统，是任何时候任何种族的人都应该奉行的社会准则。但是尊老并不意味着老人可以做“独裁式”的家长，爱幼也不意味着孩子可以被宠溺到“上天入地”的捣蛋。

人需要群居和安全感，而亲近的人之间更容易获得安全感，这大概就是家族最早抱团的原因。随着时间的推移，当家族中的财富、精神、文化可以传承的时候，人们发现家族给了人们更强的归属感、安全感、荣誉感、成就感、责任感，我想这应该是几千年来家族文化一直兴盛不衰的原因。因为历史的原因，我们国家家族文化的传承出现了一定的断层和缺憾，但是放眼世界，很多发达国家虽然没有我们国家历史悠久，但是其家族文化的传承一样令人震撼，特别是一些拥有百年企业的家族。

人又有从众心理，俗语说“人无头不走，鸟无头不飞”，所以只要是超过一个人的小团体，就一定会有一个说了算的人，在家族中一定也是这样。我没有做过专门的研究，仅仅通过影视作品和文学创作了解到家族中大概都是有名望的老者说了算，我觉得这种方式放在车马慢的古代尚且可以，放在车马飞速的现代恐怕就不太合适。

但是，在代代相传的过程中，大部分家庭也都沿袭着我们古老的传统，那就是男人说了算，长者说了算。我觉得这个传统如果不做变通的话，会让一个家庭或家族的发展局限在这个人的能力范围之内。所以无论是在家庭中还是在家族中，要避免任何一个人拥有绝对的话语权，即使这个人最年长、最有阅历甚至最有智慧。同时，也要避免任何一个人一点话语权都没有。

在任何一个家庭或家族中，人与人之间都应该是平等的、相互尊重的，大家都有一样的话语权和地位。不能因为辈分高就压人一头，也不能因为辈分低就低人一等。辈分应该得到重视，小辈应该尊敬长辈，这是一种长幼有序的礼节，但是辈分不应该像等级一样，等级越高权力就越大，而应该只是辈分越高受到的尊敬越多罢了。但是事实上，很多人把辈分和等级的概念混淆了，认为辈分高的人可以压制辈分低的人。所以很多人依仗自己辈分高或者年长，就向后辈施行“上级”的权力，将家的气氛给破坏了。

尊敬应该是双向的，在家庭或家族中应该是一种互敬互爱的关系。家庭或家族在做决定的时候，所有人的意见都应该被尊重和倾听，而其中是可以有一个大部分成员都认可和尊敬的人作为领导者决定大方向的，总体来说，家中的气氛应该是民主的、自由的。一个人家里的氛围很大程度上会影响一个人待人处事和处理问题的方式，所以自由、尊重、积极的氛围是很重要的，如果家中所有人是互相尊重、平等的，那么其中的成员也会以平等和尊重的态度来对待别人。

当我写下这些观点的时候，的确发现自己这方面的知识量还不够，对历史的了解还严重不足，所以这些观点可能只是我自己的一种臆想和假设，同时也因为我没有受到前人观点的束缚，我才可以从我这个年龄的深度和现代的角度来思考这些问题，等我长大了，回头再看这些观点，也算是一种回忆，也许会给我一些启发。

诗社的沉与浮

诗在我人生中有着很特别的地位，我大概从六年级就开始写诗，小学的时候在语文课上学了不少诗词对联，平时也背诵了不少的古诗词，因为一个契机使我开始了对诗的创作。

创办诗社之缘起

我至今仍能记得那一天的情景。那时才刚刚入秋几日，路旁树叶仍有浓密翠绿之色，天气虽有一丝凉意，但我仍然可以感受到那尚未散尽的燥热。正值午时，饭后小歇，与几位同学闲坐窗边，闲来无事，大家随意聊了起来，有人提议互相对对子。

说到诗词对联，我们对其仍颇感新鲜，就只见过书上历代先贤的手笔，却从未亲身尝试过。我想，既然刚好有这机会，何不稍做尝试?

心里逐渐有股兴奋之意，我抬头望向窗前，只感到几阵微弱的秋风穿过窗边，轻轻吹拂着旁边那一帘窗幔，见它在空中轻柔地舞动着，而我映在上面的影子也随它飘舞着。

望着此景，我思索了片刻，口中缓缓吟诵道："风吹帘动人影舞。"

那人听后低头陷入了沉思，可以细微地看到他嘴角略微上扬，似乎也感到了几丝兴奋，他沉思片刻后，随即跟上一句：“雨润窗声叶波漾。”

就这样一来一回，我们两人都掩饰不住那份兴奋与喜悦之情，各自暗喜自己也会有如此水平，同时也颇为欣赏对方的巧妙之作，成就感如海潮般从心底涌来。

我不愿就这样结束，随即问他：“我们何不成立一诗社，召集有才华之人，如此一来不仅可以对到尽兴，同时亦可以提升自己的文采，岂不妙哉？”我见他眉眼舒展开来，满脸喜悦，便知道了他的想法。

我们当即在班中寻找合适的人选，倒是选出了几人，他们几个都算颇有文采，不过都是男生，我并未问班里的女生是否有愿意参加者，只因为我等大都觉得她们缺些稳重。现在想起来，还是觉得比较可惜。

当日首次与我对对子之人今后便称他为“风花雪月”，这也是他在诗社中的笔名，我们每个成员都有自己的笔名，而我就叫“清月琉云”。

诗社的兴盛

最初创立诗社时，我推举“风花雪月”做社长，他提议将诗社命名为“千里马文学社”，后来发生了一些变故，我将诗社更名为“星月诗社”。

现在回想当初，总觉得十分惋惜。当时我们都只有一腔诗意豪情，却不了解该如何运作这诗社，也没有任何明确的规则，更不懂该如何领导、调动大家的热情，更不知如何商议。所以才会发生后面那一连串的故事……

为了方便交流，我当日便创建了一个QQ群。QQ这个聊天软件的特别之处就在于群主有特别的权限，正因为群主的这个权限，在诗社遭遇分歧时促成了诗社发展中的一大转折，这是后话。

记得建群当晚，我们几个人就在群里对对子，对得那叫一个酣畅淋漓，早已忘却了时间，直畅谈至深夜。特别巧的是，第二天就是周末，我们又接着对下去。那个周末大概是我们最有成就感的时候了，总共出了三十多对对子，我们也尝试过顶真联、回文联、叠字联等不同的花样。

我见这势头正好，随即定下目标，我们要在两个月之内对出一百对对子……

也正是那个时候，我初次尝试写诗词，渐渐地，吟诗作对成了我的爱好之一，自己也写了不少的诗词。

一开始群内皆是一片祥和，几个人闲来无事便对对对联，聊聊诗词，每天至少能对出来四五对对子，都还颇有感觉，还真有些文人墨客的那种雅致。可惜这样的情景未能持续太久，只因为我与“风花雪月”之间产生了一些分歧……

分歧的由来

因为诗社的成立，再加上诗社成立之后我们的作品，都让我们倍感兴奋，我们的心态自然也有些飘飘然了，毕竟这是我们的初次尝试，竟收获颇佳。

就在我还沉浸在兴奋之中的时候，分歧悄然而至。

“风花雪月”找到我，他希望我们的诗社可以让班主任老师知道，并让老师也加入其中，他的意思是老师在其中可以提出意见帮助我们提升……

当时见他十分激动，我猜想他对此很是向往。我虽然并不赞同，但一时语塞也不知道该说些什么，就没有表达自己的不同意。而我的一时犹豫却埋下了我们之间分歧的“雷”。然后他又一一向诗社中的其他成员说了他的想法，有赞同的，也有不赞同的，因为一开始成立诗社的时候我就跟他们说，想让诗社以一种隐秘的形式存在。

后来，我还是向他说明了我的意见。我希望诗社能继续隐秘地在我们几个人之间存在，这样就不会有任何外在的干涉，我们可以自由地讨论，不需要顾及什么。我之所以不同意他的想法，是因为我担心老师加入后，我们便失去了那种自由的氛围，讲话难免会有所顾虑，这样会降低诗社的活跃度。而我最担心的是老师的干预会使诗社变得越来越形式化，这就背离了我们创建它的本意。

然而，“风花雪月”似乎根本没有听进去，他正打着自己的如意算盘，丝毫不在乎我们这些反对者的意见。为了解决意见上的分歧，我们尝试过投票，但正反双方的票数几乎相同。在没有明确规则的情形下，谁都不愿意妥协。

同时，在如何制订规则这个问题上，我们也有争论。就这样，我们双方的界线愈发分明……几番争论过后，始终无法达成共识，不管我怎么让步，“风花雪月”硬要按照他的想法走。后来有几人开始有些摇摆不定，这使得我们愈加烦躁，决策变得更加困难。双方的态度也逐渐恶化，大家越来越激动，都不肯就此让步。

决裂

争论到最后，相互之间都拿对方没办法，无可奈何。只见他转身背对我，叹了口气，略微转头，一眼瞟向我，眼神里充满着不耐烦与失望，丢下一句："我意已决！"随即便大步走开了。

也许这是气话，但是争执至此，不愉快是肯定的了。而他如此强硬的态度令我十分不悦，心想：让你当社长，你还真摆起了架子。

我开始思考他这么做的动机，是什么原因让他非这样做不可。如果从功名的角度考虑，老师知道了他诗社社长的身份，又看到诗社的繁荣景象自然会对他大加赞赏，光环也会聚集到他身上……

这样似乎可以解释他如此固执的原因，但我还是不愿意相信他会为了虚荣不尊重我们的意见，不在意诗社的前景。

我并没有放弃，仍然希望他能回心转意，但我又不好再跟他说什么，就让另一个成员去问他是否愿意再考虑一下，不然的话我可能会因为这件事从诗社里退出……

原本以为还有再商谈的机会，谁知他听后竟然说巴不得我就这样离开，这样就少了一个人与他作对……

他这番话彻底激怒了我，我不再对他抱有任何希望。

我多次尝试让自己冷静，头脑中却总是挥不去他那些恶狠狠的言语，怒气越发严重，内心竟升起了一股报复之意……

既然他已经放言，不愿让我再留下，我便当面向他表明了退出之意。他连一丝挽留都没有，眉宇间似乎还有些喜悦之色。

分化

我并不想就这样离开，因为诗社是我提议成立的，我还希望诗社能健康地发展下去，不想就这样毁在他手里，所以我开始"预谋"一系列的行动。

虽然曾经萌生报复之意，但实际上却是想为自己争取正当的权益。所以我利用了QQ 群主的特别权限。

因为聊天群是我创立的，我是群主，我拥有可以踢人出群、禁言别人的权限。但是我没有直接把他踢出群，因为他毕竟还有社长这个身份，我如果直接踢他出群，在道义上我理亏，会落得一个卑劣之名，从此举步维艰。但是群主的特别权限在当时是我手中唯一的底牌……

经过几番思索，我拿定了主意，和几个意见相同的成员说了我的计划，得到了他们的认可和支持后，我们便开始了行动。

那天放学回到家以后，我先是将他禁言，然后我们共同用了一点小计谋，他就自动退群了，离开的速度远比我预计的要快，反应也比我预想的要激烈……

后来他自己又重新组建了一个群，带走了几个意见相合之人，而我也把原来的“千里马文学社”更名为“星月诗社”。

其实在我打算实施这些计划的时候，我内心也在犹豫、挣扎，不想做的不那么光明正大，但是却感觉自己有点身不由己，我们之所以会走到这一步，是因为我们一开始就为今天埋下了各种隐患，为了我自己，也为了诗社未来的发展，我不得不做。

还记得那天放学回家的路上，感觉夕阳甚是刺眼，似是要在陨落之前，把那最后的光辉挥尽……看着这景象，我的心情十分复杂，不知是忐忑还是兴奋，更不解为何还有些许伤感夹杂其中。当时正值秋季，脚下踩着一片片落叶，那落叶的颜色刚好与夕阳相映，那场景也很搭我那时的心情。

一场酣战，将一个诗社分化为两个诗社，我真的不知道是该高兴还是伤心。但是我的计划能够成功实施，我心里又有点儿小得意。

第二天到了学校，我们俩相互盯着对方，本来我心里还有一丝过意不去，想缓和一下气氛，但是看他似乎很得意的样子，一副胜利者的姿态，我竟告诉他，他自动退群是中了我的计。这对自尊心极强的他来说是一个沉重的打击，所以后来很长一段时间，我们每一次见面，周围都弥漫着硝烟味。

因为他有着极强的自尊，所以我推测他不会对别人提及此事，更不会再邀请老师加入，这样诗社还是可以以隐秘的形式存在于我们几人之间……

悔意

但是，当我做完这一切，就连我自己也不敢相信，我什么时候变得如此有心机？我不禁疑惑起来，我真是这样的人吗？还是因为他触碰了我心中那份对自由的向往和对权贵的抵触？

起初，我对自己的计划还是颇为得意的，虽然造成了诗社的分裂，但毕竟是不得已而为之。但是得意归得意，我不得不正视诗社分裂后产生的一系列问题。

有一些事，其实我们早就心知肚明，知道诗社成员的热情会随时间的推移而逐渐减弱，直至消去，这也是预料之中的事。我也想过找些可以让诗社成员提起兴趣之事，再点燃彼此之间的热情，但因为刚刚的分裂让诗社中的人员减少，热情的消耗速度远比想象中来得快，我只能眼看着诗社的气氛渐渐地趋于冷淡，不禁担忧起诗社会不会就这么毁在我手上，更别提最初我们那个对出一百对对子的目标了。同时，我也在密切关注“风花雪月”那一方的动静，若因为分裂导致我这边先停摆了，那不就太尴尬了？

可以说此次的争斗，我们双方都未真正得益，反倒使诗社元气大伤。俗话说“两虎相斗必有一伤”，我觉得我们是两败俱伤。

之后的一段时间，我也一直在思索此事。渐渐地，心中少了些得意，多了些悔意。

毕竟这个结局并非我们所期望的，尤其不是我这个发起者所期望的。谁知道竟因为两人意见的分歧，使得诗社分崩离析。我的做法是否欠缺些妥当，又是否对得起社中成员呢？我不禁频频地陷入沉思。

我与“风花雪月”的关系仍一直处在僵持中，虽然说这件事我占的优势极多，理应是一副胜利者姿态，我应该正值得意之时，但自己却难以做到……

发展

与“风花雪月”的纷争过去一段时间后，我的“星月诗社”也增加了不少新成员，虽然新成员不一定比得上我们几个元老级的成员，但好在最初那几位比较核心的成员都在我这一边，在诗社注入新的血液后还是可以调动起他们的热情。

随着新成员的加入，作品的数量也在一点一点累积。经过不断努力，我们终于达成了初创时对出一百对对子的目标。虽说过程十分艰难，但随之而来的喜悦与成就感还是冲淡了不少诗社正在衰落的感觉以及从前的疲惫感。

此后作品的数量渐渐开始迈向两百，我也愈来愈常作诗。因纷争所产生的创伤似乎减少了些，诗社的元气也恢复了不少，作品的创作也稳定下来，一切似乎都渐渐地步入了正轨。但是我知道，这种氛围维持不了多久，因为我们已经六年级，面临着小学升初中考试，到了期末复习的时候，诗社的创作必定会受到强烈的影响，再加上这是我在这所学校的最后一个学期了，后续会发生什么也就由不得我了……

反思

那个学期结束后，我便来到了海外，之后也没有再回去跟他们见过面，到现在，已经过去四年了。

经过这几年的成长，我的思路逐渐清晰，回想起当年发生的事，不禁感慨万千。

诗社创立之初，原本我是发起人，我却拱手把社长一职让给了别人，以至于后来诗社的发展偏离了我的初衷。当我想要保持初衷时就要付出一些代价，给诗社和我们每个人都造成了不同程度的伤害。

其实在诗社创立之初，虽然我考虑到会出现大家意见不符的情况，但并未当一回事，也未确立社中的规则。若当时能明确社中规则，双方都能静心相谈，权衡利弊，至少不会留下如此遗憾……而且那时的我们都是以自己为出发点，考虑的是自己的利益，双方都未完整地考虑全局，做一个领导该做之事。

这几年的时间，我有机会听到爸爸讲课，也跟着爸爸接触了不少商业上的事例，知道许多企业因为内部意见不同而导致分裂，双方皆争个你死我活，最后大都两败俱伤，既伤及感情亦无法收获什么。再看回自己，也是如此狼狈，几乎一副模样……

虽然早已明白人的感情是飘忽不定的，难以持久平稳，却总是抱有些许侥幸，相信道义“友情”，认为同学之间顶多不过是打打闹闹，矛盾什么的实乃好说，然而权力的诱惑却将事情变得愈发复杂。在没有规则约束的情况下，我们似乎都有些偏离了正轨，也见证了本性中的自私不断扩大，最后一发而不可收拾。在那种情况下，我们不再相信所谓“朋友”这种东西，也将诗社的未来抛置脑后，等回过神来，破碎的信任与友谊早已无法挽回。

也正因如此，我深刻了解到制订规则的必要性。若当时我们有足够健全的规则，可以在双方间稍作制衡，也有完整的议事规则，即使有分歧，影响也不会如此之大。

信任和感情的前提是规则的约束，否则就是一厢情愿，模糊不清。与其让信任和感情这种飘忽不定之物主宰着命运，不如让更可靠和更现实的规则成为我们真正应该遵循的行为规范。

当我明白这个道理时，已经太晚了，我早已从他们身边离开，而他们，也已小学毕业，各自升入不同的中学，各奔东西去追寻自己的人生。虽然后来我也草拟了一份规则，但也已经没有什么用了，只是作为自己设计游戏规则的练习而已。

诗社现在已经名存实亡，群里已经没有了声音，这大概也是一件事情从无到有、从有到无的一个必然规律吧。我们每个人都会成长，随着成长，每个人的兴趣点也会有变化，而且不能身处同一个环境的话，共同的话题就会减少，直到没有话题。所以，群里没有人说话，也是正常的现象。

现在想想当时的年少轻狂，再翻看以前对的对子与自己写的诗，那一幕幕的场景，似乎又真实重现在眼前，盯着手机略带反光的荧幕，心中五味杂陈……

那段时间，那段经历，无论好坏，无论过去多久，都已深深刻在我的脑海之中。我想随着我年龄的不断增长，我会对当初的经历有更深刻的认识……

父母想要孩子做到的事情未必自己就能做到

我发现一个很奇怪的现象，很多大人经常会让孩子做一些连大人都做不到的事情，即使他们明白那件事的重要性，最简单的例子就是对手机和网络的依赖，我的父母也不例外。

那天在去福隆港的路上，我跟爸爸妈妈说我们的宿舍以后可能会出台新的政策，就是周六和周日的时候有六个小时的时间我们不可以使用任何电子设备，宿舍家长们还在商议这个政策怎么制定和怎么执行，具体会怎样我还不确定。我说这个决定对我们的震撼是极强的，我问爸爸妈妈他们的看法，结果他们都举双手赞成。他们竟然说那就利用这段时间多看看书、运动运动，我直接就哑了。

到了福隆港后，我们出去散步的时候，看着幽静秀丽的风景，我就提议大家都不要用手机，不然就辜负了这样的好风景。一开始他们都很坚决地表示赞同，结果还不到半个小时他们就沦陷了，尤其是老爸……反倒是我一直都没有看手机，还不断地提醒他们。我知道我爸爸到了一个新地方一定会查看地图，可是山上信号不是很好，看起来不是很费劲?

看来在对网络的依赖方面，大人和孩子其实是半斤八两的。所以我们需要互相监督，而不是大人倚仗自己的权威强制要求孩子必须做到什么。

和妈妈对谈我小时候的教育

现在的小孩子都会报很多课外辅导班，他们周末或者下午放学后的时间都被安排得比较满，但是我的父母从来不主张给我们报课外辅导班，他们觉得我们在学校里学的已经足够多了。所以我上小学的时候大概是班里少有的周末比较轻松的人。

有一次我和妈妈去商场，在路上和她聊起了我小时候的教育问题。

我说他们没有像其他父母一样给我报一堆课外辅导班，这点挺好。而且不会硬要我去做什么事情，教育方式比较自由。我问她是不是因为那个时候他们比较忙，顾不得那么多，才对我放养？她说她年轻的时候也和大多数家长一样，对孩子要求很高，很严格，所以管姐姐管得比较严厉，但是她很快就发现这样做并不好，所以到我这里基本上就是放养了。

我知道不给孩子报课外辅导班这一点是她一直以来所坚持的，她说只有当她觉得学校里的课程没有让我们达到该有的水平的时候，才会给我们报个课外辅导班补习一下，我和姐姐唯一报过的课外辅导班就是作文课，也只有一期而已，她认为我们已经入门了，就不再让我们继续上了。

看过一些报道，说是有的孩子长大后会怪父母为什么没有在他小时候逼着他学什么东西，或者感谢父母在他小时候逼着他坚持学什么东西，有的父母感到自责，也有的父母感到自豪，我相信这些都是他们的真实感受，但是对我个人而言，我对小时候的放弃和坚持都觉得还好，因为无论是放弃还是坚持都是我自己的选择。

我记得那天聊天的时候我跟妈妈说："有一些我当时不愿做的，但是如果坚持做下来会有很大好处的事，比如弹钢琴，你们没硬让我做，我不会怪你们。因为我不喜欢被硬逼着干什么事情，即使你们当时硬逼着我去做，我也不会认真地去干，但是某些我喜欢做的事情、我擅长的事情，你们没在上面下功夫，真的可惜了。"

我给她举了个例子：我小时候喜欢画画，他们虽然看到了我的天赋，但是没有在这方面专注地培养我，这个让我感觉有点儿惋惜。我说，如果从小一直有一个不错的老师教我，现在我的画画水平大概会翻好几倍。

妈妈说，她知道她忽视了这方面，这的确是一个遗憾。但是换一个角度，她说她希望我没有因为从小学画固定了画法而限制了想象力。

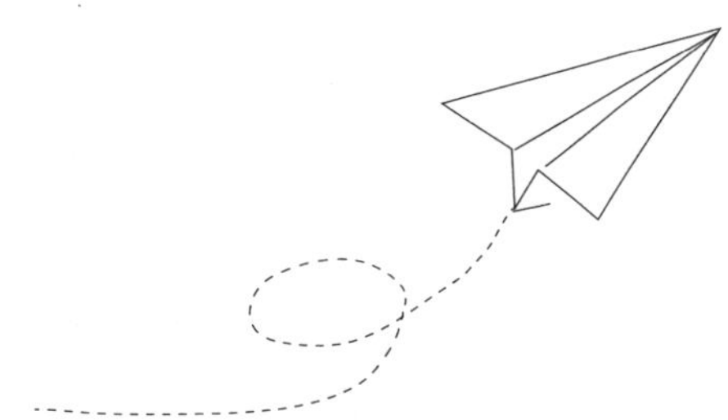

诗词篇

悲

寒雪飘飞，漫城尽灰万物朦。
岁月春秋，恍惚，迷蒙。
回首不知存几人，空望，唯有孤影伴。

枯枫落地，曾望碧叶高枝挂。
光阴冷暖，骤变，惆怅。
人情无常怎长久，泪尽，心中仅存影。

——作于 2015 年 11 月 25 日

解卑

茫茫人海多单行，万万世人自缺点。
孤旅郁郁独暗处，心锁紧紧释怀难。
不合旁人离群外，谁见天道弃人嫌？
锁封内心为何因？哀怨兴乐同百年。

千古无人众皆认，定有相对共识难。
何苦为此愁卑处，自解己意必易安。
知音只存一人可，不需多理闲人篇。
莫因一人恨怨情，独老卑悲一生怨。

——作于 2015 年 12 月 6 日
有感于同学跟我说了他的自卑而作

论事

千丈古色参天树，峭崖嶙峋经百年。
灰岩任风穿洞过，卵石随水渐磨圆。
强势难逆非硬挡，静毅自能定外乱。
万路必有不顺处，忍韧才为智之选。
怒为烈焰终灼己，乱绪攻心解抑难。
遇世能定似松岩，天命枯荣不为限。

——作于 2015 年 12 月 29 日

湖

天暗微风应波来，晨曦轻透夜云间。
桥灯纵横映水明，风依蕉叶傍霞翩。
朝露细坠土石软，水鸟飞鸣隐湖畔。
无边小径林中退，半空朦胧渐悄然。

——作于 2016 年 1 月 22 日

雨

碧空青云忽卷浪，长雷引雨唤清凉。
风扶窗沿垂帘荡，绵延飘雨遮天阳。
万千银丝化绿逸，檐瓦细水晶翠漾。
惊鸟几叫渐远行，静卧细听雨落响。

——作于 2016 年 1 月 22 日

渐

轻落雨，辗转岚山。
细清风，缥缈几见鸣蝉。
抚琴间，几渐暗、斜望云骤旋。
依稀雷鸣，颇感秋意舞窗前。
倾背侧，水车声声隐约。
藤椅旁，初时尚见有飞雪。
思绪忆间，夕下春花秋月。
斜阳稍落，雨后蝉喧飞雀。

——作于 2017 年 8 月 14 日

咏

夜幕悄至，不见白日枯枝。
翡月缠云绵绵，一袭帘间谁知。
几片零星，树影灯火朦胧间。
系藤红砖角，花蛾舞光飞现。

——作于 2017 年 8 月 15 日

仿佛

思绪万缕，几时雨透红墙。
春秋渐逝，不知落英何处现。
寻寻间，风拂面，追影天边。
依稀罗衫，发缕颊边。
玉簪纹青花，几瓣牡丹零落散。
叶落水月镜花出，云散霎时间。

——作于 2017 年 8 月 16 日

瞬间

秋雨几场倾来，还记初夏蝉鸣。
微风晨曦，落叶白露晶莹。
开敞门前，清凉意，转眼岁月情境。
人生几十载，不见旧日昔景。
少小无虑能几时，飞逝间、依稀形影。
回神来，只听秋风拂凉亭。

——作于 2017 年 8 月 17 日

飞云

黯淡蒙雾，霎时巨响随擎驰。
腾跃青空，几丝云缕系。
阑珊缥缈间，入目纯白织云隙。
霞光透烁，流云粼粼栖。
水汽绵绸自湖海，怎知美如此。
难料世事，时境变迁竟此易。

——作于 2017 年 8 月 18 日飞机上

后记一

一次难得的体验

我的这本书是在我爸爸的威逼利诱下开始写的，现在终于完成了，我感到如释重负。

一开始，我是抗拒写这本书的，后来不得不接受了这个挑战。写作的过程是漫长而痛苦的，但是等我最后完成写作的时候，却又很享受这个经历，因为这是我对人生更多可能性的又一次体验。

我真的要感谢我爸爸给予我的这次尝试。

为了写这本书，我们一家人聚在一起的时候会经常回忆过去这些年的经历，讨论这些经历都带给了我们什么，也让我重新审视了自己走过的路。

其实我爸爸在我生命中的角色更像是欺负小孩的大人和做坏事的同伙，他并没有给过我那种嘘寒问暖式的关爱。也许他把这个任务都转嫁给我妈妈了，我妈妈也不是那种非常细心的人，有一点马大哈，所以我和姐姐都不是被父母无微不至地关爱和照顾过的那种孩子。但是更多的时候我爸爸是给我们指点生活迷津的智者。

我爸爸一直都很忙，他很少有时间陪我们玩；偶尔抽出时间来陪我们，就可能带着我们出去干点儿坏事，比如，在我和我姐姐还小的时候，他就带着我们去大学的教室里偷过粉笔，在大学生上课的时候，在众目睽睽之下。

他的观点是小时候一定要干点偷鸡摸狗的勾当，这样长大了就会觉得自己都当过小偷了，还有什么过不去的坎儿呢?

我不知道他的观点对我有多大影响，只是现在想起来，还是会觉得挺好玩的。我依稀记得当时有那么多双眼睛看着自己，自己不敢去拿粉笔，爸爸就一直怂恿我，我才敢进去的。当我成功拿到粉笔，跑出来以后，还有一点开心。

我爸爸一直都要求我们要学会写东西，我小学四五年级的时候他要求我每天都要写微博、微信，我当时坚持了一段时间，但是后来放弃了，但是那段时间我突然对写诗词产生了兴趣，2015 年的时候写了不少。

现在想来，如果我能坚持每天写日记或者经常写点什么，就能把自己出国留学这段经历很详细地记录下来了，那么我这本书写起来就非常容易了，但我没有坚持那样做，因此写书的时候只能从记忆里搜寻，这就很遗憾了，因为记忆会漏掉很多有趣的小故事，这大概就应了中国人常说的那句老话：不听老人言，吃亏在眼前。

幸亏爸爸对我提出了那个“过分”的要求，我才有机会静下心来把自己的这段经历记录下来，一来，可以分享给更多的人，让他们也通过我的这些平凡的小故事去感知人生的更多可能性；二来，对我个人来讲，这也是我留给自己的美好回忆。

我讲述自己的留学生活，是为了给更多的人展示一个看问题的不同视角，也是为了给更多的人一个通过孩子的眼睛看世界的窗口。不过，出国留学并非适合所有的孩子，因为在国际学校学习依靠学生自己的自觉，如果学生的自律性差，父母又不在身边，那就很难保证孩子能够学到该学的、足够的技能和知识。

不同国家的教育侧重点不同。欧美国家的教育侧重于培养学生学习知识和运用知识的能力，国内的教育更侧重于知识的获取，二者殊途同归，最终的目的都是为了让学生获得知识，只不过一种是通过自己去获得并掌握，另一种是通过灌输去获得并记住。如果学生不能保持自律，没有培养出自身获取知识的能力，那么留学的意义就不大了。

我能小学还没毕业就开始我的留学生活，这要感谢我的父母，是他们给我创造了留学的条件。

回顾自己这些年来的学习和生活，我要感谢每一个走进我的学习和生活中的人，因为他们的存在，我的学习和生活才能变得如此丰富多彩！

写这本书，很有必要

圣诞节，国际学校是放假的。

2019 年圣诞节，趁着假期，我和妈妈回了一趟国，在电台做了一期访谈节目的直播，聊的就是我这本书和我这几年的留学经历带给我的各种感受和体悟。

第一次参加这样的访谈节目，我非常忐忑。不过还好，临上节目的时候主持人邀请我妈妈和我一起上台。节目顺利直播完成，但是由于时间关系，我感觉还有很多东西没有涉及。

假期结束，开学后的第一个周末，我妈接我放学回家。路上，我们聊着聊着，话题又回到了我的这本书上。

妈妈说她前一天刚刚见过荣叔叔。荣叔叔早我们几年来到马来西亚，他儿子从幼儿园开始就在Nexus 国际学校上学了，现在已经上小学三年级了。因为他介绍了不少国内的孩子到马来西亚的各个国际学校读书，所以他和很多孩子的家长都保持着联系。我们刚到马来西亚找学校的时候，我妈也是从网上看到他的文章才找到他了解学校情况的。

妈妈跟他介绍了我的书，谈到国内和国际学校教育理念的异同点，他告诉我妈妈说他最近发现有不少家长嫌国际学校的课程太简单了，圣诞节回国以后买了很多国内同年级的辅导材料回来，说是要让孩子放学回家做习题。

这让我感到很吃惊，我发现很多家长虽然身在国外，但是思想观念还停留在过去接受的教育模式上。并不是说让孩子多学习有什么问题，相比国内的课程，这边确实是轻松不少，自然会有家长觉得缺乏挑战性。我觉得，很多家长并没有去跟进了解国际学校的教学模式，他们对上学的目的和教育的理解仍然停留在成绩、知识和升学上。

很多孩子刚从国内来到国际学校时，感受到更多的可能是课业上的轻松，而因此忽略了融入英文课堂和英文环境，往往几个中国人就扎堆在一起，这样一来，到最后就很有可能让自己处在一个很尴尬的境地。

刚出国时，其实家长和孩子都很懵懂，而学校方面对教育模式、教育目标这些概念的普及还远远不够，有时候学生也不是很清楚地明白一些活动的意义和重要性，所以对待起来也就不那么认真。若这种状态形成一种惯性，那就很糟糕了，就浪费了不少机会。正如我在电台做访谈节目时说过的，不少学生在低年级时过于放松，没有培养起自己的综合能力，到了高年级时学习起来就很费劲，这就比较尴尬了。出现这种状况，既有学生自身的原因，也有学校没有告知清楚的原因，我认为这是我们学校需要改进的一个方面。

其实，无论在哪里上学，优点和缺点都是并存的。国际学校的教学理念和教学方式与国内相比，的确有非常大的不同，我在这里能够不压抑地锻炼自己的各种能力、不断发现自己的潜力，但是也有让我感到十分无语的时候，因为这里老师的水平也是参差不齐的，有时候面对一些新来的老师，我都觉得自己也可以出去找工作了。

中国孩子出国面临的最大问题普遍是语言上的问题，语言关的突破其实并不像很多人认为的那样，只要在英文的环境里，孩子的英文就会自动变好。这是一个非常大的误区，因为这个假设是建立在孩子会开口说英语的前提下，但是，很多时候刚出来的学生会因为不敢开口或一直待在中文的圈子里而导致自己几年以后英文还是没有多大长进。

依我的经验来看，要适应全英文教学，首先要改变心态，要主动去尝试融入和提高，而不是被动地等待，不要将自己局限在中国人的圈子里。毫无疑问，这是有困难的，但可以先从会说中英文的同学开始，有不理解的和不确定的不要怕问别人，无论是用英文还是中文。这样坚持一段时间下来，至少听和读是没有问题了，上课和考试的时候至少不会完全懵。

当然，口语也很重要。要提高口语表达能力，很重要的是心态要转变，从心理上克服不敢开口的障碍。这肯定也是有困难的，我刚来时，有时候也不愿说，但越不开口越难提高，就越不敢开口。我们学校对于英文非母语的学生开设有专门的课程，以帮助学生快速提高英语水平。我觉得那个课程极大地帮助了我，教课的老师会额外花时间和我们待在一起，和我们用英文交流，比如和我们一起吃饭等。如果学校里的课程还不能让你无障碍地张口讲英语，那么最好找个课外老师辅导一下，多练习用英文交流，这样做主要是为了破除心理障碍，增加开口讲英语的自信，尤其对短时间内无法适应的孩子，可以说有利无弊。

其实写这本书也迫使我不断思考。随着和父母讨论的增多和自己思考的深入，我最近突然对教育、认知边界等问题有了一点自己的认识，这也是我写这篇后记的最主要的原因。

我们每个人从出生开始，生活中都有着很多看不见的条条框框，这些条条框框或许来自家庭，或许来自社会的约定俗成，有些条条框框有时候是对不良行为的约束，但是有些却局限了我们的视野和观念。举个例子，如果周围的人遇到问题时都采取情绪化的解决方式，那么久而久之它就会在无形中影响自己面对问题时的解决方式。再比如，父母对孩子的期望，如果只是希望孩子将来找个稳定的工作，而孩子也认同了，那他（她）的人生就很有可能永远局限在了这个范围里，就跟父母早早地就让孩子将来干这个职业、干那个职业一样。

这样的条条框框可以存在于生活中的任何一个层面，而它们就是我们的成长边界，如果没有引导或者契机，便很难去打破。在信息科技发达的现代，学校存在的目的不应该只是教授学生知识和特定技能，知识的获取和特定技能的训练有太多的渠道和方式。在我看来，学校、教育的真正目的应该是让所有人都有发展的机会，也就是让我们知道如何打破观念中、生活中那些框框和边界的束缚，让我们都可以看到自己的潜力和各种可能性，都有提升自己的机会，从边界的外面看世界和看自己，而非在自己的井底故步自封。

正如本书中所提到的，如果我没有来到国外上学，我根本想象不到自己也可以作曲、做动画、拍电影、跑步，等等，甚至包括写这本书。当然写书也要归功于我父母的“努力”，而他们对我以启发为主的和“放羊式”的管理方式，与国际学校的教育方式不谋而合，让我看到了很多事情的可能性，也让我敢放手一搏。虽然学校的教育环境和自己的成长环境会影响每个人认知的边界，但打破自己认知的边界还是需要自己来完成。在未来的社会，我们要有可以快速适应世界变化的能力，不可以被过去的认知所局限。

每每和父母谈到我的这本书，我们都还会有很多的话题和观点的碰撞，话题探讨得越来越深。看来，写这本书对我而言还真的是很有必要和帮助。但是因为当初在写这本书的时候，我的立意只是给国内的孩子和家长介绍我自己少年留学的经历，并不想写成长篇大论，也不想写得太深奥，所以就在这里稍微谈一些与父母交流时的观点以及写完书之后的种种事给我带来的新的启发。也许，随着我年龄的增长和阅历的增加，对这些观点会有更深刻的认识，到那时再深入探讨这些话题也许更有意义。

如果你想和我探讨本书的有关内容，或者关于教育和家族方面的问题你有什么不同的观点，欢迎你和我联系。你可以发邮件到我的邮箱 0307qikaima@gmail.com，或者和我微信（ID：slqst_mqk）联系，我们共同探讨，我会感到非常荣幸。